Neues Lesen der Bibel:

Gottes Trost in deutschen Gedichten, in der deutschen Bibel und in Aphorismen

아름다운 성경 독일어로 다시 읽기: 독일시, 성경, 잠언을 통해 얻는 하느님의 위안

Neues Lesen der Bibel:

Gottes Trost in deutschen Gedichten, in der deutschen Bibel und in Aphorismen

아름다운 성경 독일어로 다시 읽기:

독일시, 성경, 잠언을 통해 얻는 하느님의 위안

| 김 경 욱 |

한국문화사

Neues Lesen der Bibel: Gottes Trost in deutschen Gedichten,
in der deutschen Bibel und in Aphorismen
아름다운 성경 독일어로 다시 읽기: 독일시, 성경, 잠언을 통해 얻는 하느님의 위안

초판인쇄 2012년 4월 10일
초판발행 2012년 4월 20일

편 역 김 경 욱
펴낸이 김 진 수
펴낸곳 **한국문화사**
등 록 1991년 11월 9일 제2-1276호
주 소 서울특별시 성동구 아차산로 3(성수동 1가) 502호
전 화 (02)464-7708 / 3409-4488
전 송 (02)499-0846
이메일 hkm7708@hanmail.net
홈페이지 www.hankookmunhwasa.co.kr

책값은 뒤표지에 있습니다.

ISBN 978-89-5726-952-7 03750

이 저서는 2012년도 한국외대 교내 학술연구비의 지원에 의하여 이루어진 것임.

Vorwort

Freut euch zu jeder Zeit! Betet ohne Unterlass! Dankt für alles; denn das will Gott von euch, die ihr Christus Jesus gehört. (1테살 5, 16-18)

언제나 기뻐하라! 끊임없이 기도하라! 모든 일에 감사하라; 왜냐하면 그것이 그리스도 예수님 안에서 살아가는 여러분에게 바라시는 하느님의 뜻이기 때문이다.

Ewiges Leben ist heute und jetzt.
Lebe in der Gegenwart. (Anthony de Mello)
영원한 생명은 오늘 그리고 지금 있다. 현재에 살아라.

Der gegenwärtige Augenblick ist das Fenster,
durch das Gott in das Haus meines Lebens schaut. (Meister Eckhart, 1260-1327)
현재의 이 순간이 곧 하느님이 내 인생의 집 안으로 들여다보는 창문이다.

Die wichtigste Stunde ist immer die Gegenwart.
Der bedeutendste Mensch ist immer der,
der gerade vor dir steht.
Das notwendigste Werk ist stets die Liebe. (Meister Eckhart)

가장 중요한 시간은 항상 현재이다.
가장 중요한 사람은 항상,
지금 바로 네 앞에 있는 그 사람이다.
가장 필요한 일은 언제나 사랑이다.

내 가슴에 와 닿는 멋진 문장 하나, 또는 우연히 만나서 평생의 모토가 된 글귀 하나. 필자는 독일어로 된 재미있고 유익한 글들을 평소에 즐겨 읽으며 주옥같은 성경구절, 잠언과 시를 독일어를 공부하는 학생들과 공유하고 싶다는 생각을 했고, 그것이 이 책의 출발이 되었다. 학생들이 좀 더 재미있게 독일어를 공부할 수 있고, 때로는 예수님과 성경의 의미에 대해 생각해보게 하는 계기를 만들어주고 싶었다. 사랑하는 제자들에게 이 책이 작은 길잡이가 되어주길 바란다.

Die Wichtigkeit der Gegenwart, Das Wesen Gottes, Der Weg zum ewigen Glück, Der Glaube und die Gnade der Erlösung, Die ideale Kirche der Zukunft 라는 다섯 개의 주제 하에 <Text> 파트에서 독일어 문장과 의미를 소개하며, 배경지식이 될 만한 글을 <Einführung>에 소개했다. <Text> 파트는 Bibel, Aphorismen, Gedichte의 순서로 소개된다.

학생들은 성경과 아포리즘, 시 등 원하는 파트의 문장을 순서에 구애받지 않고 활용할 수 있고, 각 문장의 이해에 필요한 문법적 설명을 *—에서 참고하여 학습하기를 권한다.

항상 다정하게 격려해주시는 한국외국어대학교 독일어과의 여러 교수님들과, 늘 변함없이 많은 도움과 격려를 아끼지 않는 아내에게 감사한다. 이 책의 출판을 관심을 가지고 지켜봐준 나의 두딸 김이연과 김이

령에게도 고마움을 전하고 싶다. 한국문화사의 김진수 사장님과 김종훈 차장님에게도 감사드린다.

> Ein Mensch, der seine Arbeit liebt, wird niemals alt.
> *Jeden Morgen fange* ich *von neuem an*,
> jedesmal werde ich neu geboren.

> 자신의 일을 사랑하는 사람은 결코 늙지 않는다.
> 매일 아침 나는 새롭게 시작하고,
> 매번 나는 새롭게 태어난다. (Pablo Casals)

2012년 봄
김경욱

Inhaltsverzeichnis

1

Die Wichtigkeit der Gegenwart

Einführung

“그리스도께서는 우리 안에 현존하십니다. 우리는 그분을 맞이해야 하고, 깨닫고, 갈망해야 합니다. 우리는 행복하면서도 가끔은 힘든 경험을 하게 됩니다. 그렇지만 우리의 믿음과 사랑을 통해 그 뜻을 깨닫게 되고 그리스도 안에 존재하게 됩니다.”

(요한 바오로 2세(2011): “여러분도 행복하세요”, 10쪽)

“하늘나라는 미래의 머나먼 무릉도원에 있는 것이 아니라 그리스도 안에, 우리가 그분과 하나 됨을 통해 바로 지금 우리 안에 있고, 그것은 영원한 현재인 것이다.”

(가브리엘 보시: “그와 나”, 22쪽)

“영생은 죽음 뒤에 시작되는 것이 아니다. 그것은 우리가 타인들의 기쁨과 고통을 함께 공감할 것인가 아니면 자기 자신에 만족한 채 매일 매일을 살아갈 것인가를 선택함으로써 지금 이 순간, 바로 현재의 삶에서 시작되는 것이다.”

(피에르 신부: “단순한 기쁨”, 227쪽)

“하늘나라는 인간의 깨달음 속에 있다. 세상의 모든 사회는 예전과 마찬가지로 굴러가고, 사람들은 먹고 마시고 결혼하고 장사하고 죽는다. 그리고 이런 과정과 더불어 사람들의 영혼 속에는 하늘나라가 살아있다. 그것은 봄에 자라는 나무들처럼 스스로 자라는 생명에 대한 깨달음이다. 아버지의 뜻을 실천하는 참된 삶은 과거나 미래의 삶 속에 있는 것이 아니다. 그것은 지금이라는 현재의 시간을 살아가는 삶, 모든 사람이 바로 지금 살아가지 않으면 안 되는 삶이다. 따라서 사람은 누구나 자기 안에 있는 참된 생명을 소홀히 해서는 안 된다. 사람들은 과거나 미래의 삶이 아니라, 현재 살아가는 삶을 잘 살펴보아야만 한다. 동시에 모든 사람의 아버지의 뜻을 실천하도록 모든 노력을 기울여야 한다. 아버지의 뜻을 실천하지 않은 채 현재의 삶을 지나가게 내버려두는 사람들은 생명을 다시 받을 수 없을 것이다. 이것은 마치 오랫동안 밤에 야경을 서는 야경꾼이 잠시라도 잠에 빠져서 의무를 이행하지 못하면 바로 그때 도둑이 침입하여 모든 것이 헛수고가 되는 것과 같다. 따라서 사람은 현재의 시간에 대해 모든 힘을 집중해야만 한다. 아버지의 뜻을 실천할 수 있는 시간은 바로 현재뿐이기 때문이다. 그리고 아버지의 뜻은 모든 사람을 위한 생명이고 행복이다. 선행을 하는 사람들만이 살아 있다. 현재, 이 시간에 다른 사람들에게 베푼 선행이 생명이며, 이 생명은 우리를 우리의 아버지와 하나로 결합시켜 주는 것이다."

(톨스토이: "아무도 모르는 예수님", 278쪽~279쪽)

"수백만 명의 사람들이 육체노동을 할 만큼은 깨어있다. 하지만 백만명 중 한 사람만이 효과적인 지적 활동을 할 만큼 깨어있으며, 1억 명중 한 사람만이 시적인 또는 신적인 삶을 살 수 있을 만큼 깨어있다. 깨어있다는 것은 살아있는 것을 의미한다."

(헨리 데이빗 소로우: "월든", 138쪽)

"사람들은 진리가 멀리 어딘가에 있는 것으로 생각한다. 그들은 진리가 우주의 외곽 어디에, 가장 멀리 있는 별 너머에, 아담의 이전에, 혹은 최후의 인간 다음에 있는 것으로 생각한다. 물론 영원 속에는 진실하고 고귀한 무엇이 있다. 그러나 이 모든 시간과 장소와 사건은 지금 여기에 있는 것이다. 하느님 자신도 현재의 순간에 지고(至高)의 위치에 있으며, 과거와 미래를 포함하여 그 어느 시대도 지금보다 더 거룩하지는 않은 것이다. 우리는 우리를 둘러싸고 있는 진실을 계속적으로 흡입하고 그 안에 적셔짐으로써만 비로소 숭고하고 고결한 것을 파악할 수 있는 능력을 얻게 된다."

(헨리 데이빗 소로우: "월든", 148-149쪽)

Text

Bibel

Wir sind also Gesandte an Christi Statt, und Gott ist es, der durch uns mahnt. Wir bitten an Christi Statt: Lasst euch mit Gott versöhnen! Er hat den, der keine Sünde kannte, für uns zur Sünde gemacht, damit wir in ihm Gerechtigkeit Gottes würden. Als Mitarbeiter Gottes *ermahnen wir euch, dass ihr seine Gnade nicht vergebens empfangt.* Denn es heißt: "Zur Zeit der Gnade erhöre ich dich, am Tag der Rettung helfe ich dir. Jetzt ist sie da, die Zeit der Gnade; jetzt ist er da, der Tag der Rettung."

형제 여러분, 우리는 그러므로 그리스도의 대신에 온 그리스도의 사절입니다. 우리를 통하여 권고하시는 분은 하느님이십니다. 우리는 그리스도를 대신하여 여러분에게 간청합니다: "하느님과 화해하십시오! 하느님께서는 우리가 그리스도 안에서 하느님의 정의가 되도록 하기 위해서, 아무런 죄도 모르시는 그리스도를 우리를 위하여 죄로 만드셨습니다. 우리는 하느님과 함께 일하는 사람으로서 여러분에게 하느님의 은총을 받는 일이 헛되이 되지 않도록 권고합니다. 왜냐하면 하느님께서 다음과 같이 말씀하시기 때문입니다: "은혜의 시기에 내가 너의 말을 들어주고, 구원의 날에 내가 너를 도와주겠다. 지금 바로 은혜의 시기가 와 있고, 지금 바로 그날, 구원의 날이 와 있다." (2코린 5,20-6,2)

*

ermahnen wir euch, dass ihr seine Gnade nicht vergebens empfangt: jn. zur Sparsamkeit/Vorsicht ermahnen '누구에게 절약/조심하라고 타이르다'(Duden, 10 Bände)를 고려할 때, *dass* 앞에 '상관사' (Korrelat) *dazu*가 생략되었음을 유추할 수 있다.

Wisst ihr denn nicht, dass euer Körper der Tempel des heiligen Geistes ist? Gott hat euch seinen Geist gegeben, der jetzt in euch wohnt. Darum gehört ihr nicht mehr euch selbst.

여러분은 여러분의 몸이 성령의 성전임을 정말 모릅니까? 하느님이 여러분에게, 지금 여러분 안에 살고 있는, 성령을 주셨습니다. 그러므로 여러분은 이제 더 이상 여러분 자신의 것이 아닙니다. (1코린 6, 19)

Gepriesen sei der Herr, Tag für Tag!
Gott trägt uns,
er ist unsere Hilfe.
Gott ist ein Gott, der uns Rettung bringt,
Gott, der Herr, führt uns heraus aus dem Tod.

주님께서는 날이면 날마다 찬미 받으소서!
하느님은 우리를 지고 가시며,
그분은 우리의 조력자이시다.
하느님은 우리에게 구원을 베푸시는 분이시고,
하느님, 주님은 우리를 죽음에서 구해내시는 분이라네.

(시편 68, 20-21)

*

jn. aus dem Tod herausführen: '누구를 죽음에서 구해내다'
Gott, der Herr, führt uns heraus aus dem Tod: 원래의 정상적 어순은 *Gott, der Herr, führt uns aus dem Tod heraus*이지만, *aus dem Tod*를 '레마'(Rhema)로 강조하여 문장 끝에 두었다.

Wahrlich, ich sage dir: Heute wirst du mit mir im Paradies sein.

내가 진실로 너에게 말한다: 오늘 너는 나와 함께 낙원에 있을 것이다. (루카 23,43)

Die Pharisäer fragten Jesus, wann das Reich Gottes komme. Darauf antwortete er: »Das Reich Gottes kommt nicht so, dass man es an äußeren Anzeichen erkennen kann. Man wird auch nicht sagen können: ›Seht, hier ist es!‹ oder: ›Es ist dort!‹ Nein, das Reich Gottes ist mitten unter euch.«

하느님 나라가 언제 오겠느냐고 바리사이파 사람들은 예수님께 질문을 했다. 예수님께서는 이렇게 대답하셨다. "하느님 나라가 오는 것을 눈으로 볼 수는 없다. 또 '보아라, 여기 있다.' 혹은 '저기 있다.'고 말할 수도 없다. 하느님 나라는 바로 너희 가운데에 있다."

Dann sagte Jesus zu seinen Jüngern: »Es wird eine Zeit kommen, da werdet ihr euch danach sehnen, auch nur einen Tag der Herrschaft des Menschensohnes zu erleben, aber euer Sehnen wird vergeblich sein. Wenn man zu euch sagt: ›Seht, dort ist er!‹ oder: ›Seht, er ist hier!‹, dann geht nicht hin; lauft denen, die hingehen, nicht nach.

그리고 나서 예수님은 제자들에게 이렇게 말씀하셨다. "너희가 사람의 아들의 영광스러운 날을 단 하루라도 보고 싶어할 때가 오겠지만 보지 못할 것이다. 사람들이 너희에게 '보아라, 저기 있다.' 혹은 '여기 있다.' 하더라도 찾아 나서지도 말고 따라가지도 마라.

Denn wie der Blitz aufleuchtet und den Himmel von einem Ende zum anderen erhellt, so wird es an dem Tag sein, an dem der Menschensohn kommt. Vorher muss er jedoch vieles erleiden und wird von der jetzigen Generation verworfen werden.

마치 번개가 번쩍하여 하늘 이 끝에서 저 끝까지 환하게 하는 것같이 사람의 아들이 오는 날도 그럴 것이다. 그렇지만 사람의 아들은 먼저 많은 고통을 겪고 현 세대에게 버림을 받을 것이다.” (루카 17,20-25)

Aphorismen

현재의 중요성에 관해서는 중세의 유명한 신비주의 철학자 마이스터 에커하르트도 다음과 같이 말했다:

Der gegenwärtige Augenblick ist das Fenster,
durch das Gott in das Haus meines Lebens schaut. (Meister Eckhart, 1260-1327)

현재 이 순간이 하느님이 내 인생의 집 안으로 들여다보는 바로 그 창문이다.

Die wichtigste Stunde ist immer die Gegenwart.
Der bedeutendste Mensch ist immer *der,*
der gerade vor dir steht.
Das notwendigste Werk ist stets die Liebe. (Meister Eckhart)

가장 중요한 시간은 언제나 현재이다. 가장 중요한 사람은 언제나,
지금 바로 너 앞에 서 있는 바로 그 사람이다.
가장 필요한 일은 언제나 사랑이다.

*

둘째 줄 끝의 *der*는 ‘지시 대명사’이고, 셋째 줄 맨 앞의 *der*는 이 지시 대명사를 받는 ‘관계 대명사 주격’이다.

신비주의자인 에크하르트는 우리가 어디에서 무엇을 하든지 항상 하느님을 염두에 두고 살아갈 것을 강조한다:

“Der Mensch soll Gott in allen Dingen ergreifen und soll sein Gemüt daran gewöhnen, *Gott* allezeit *gegenwärtig* zu *haben* im Gemüt und im Streben und in der Liebe. Achte darauf, wie du deinem Gott zugekehrt bist, wenn du in der Kirche bist oder in der Zelle: Diese selbe Gestimmtheit behalte und trage sie unter die Menge und in die Unruhe und in *die Ungleichheit.*

인간은 하느님을 모든 사물 속에서 파악해야하고, 하느님을 기분으로나 노력에서나 사랑에서나 언제나 정확히 기억할 수 있도록 그의 마음을 길들여야 한다. 네가 성당에 있거나 독방에 혼자 있을 때, 언제나 너의 하느님에게 향해 있도록 유의하라: 하느님을 사랑하는 마음을 항상 간직한 채, 군중 속으로도 가고 소요 속으로도 가고, 너와 다른 사람들 속으로도 가라.

*

jn. gegenwärtig haben: <geh.> ‘sich an jn. genau erinnern können’
die Ungleichheit: ‘같지 않은 것’ 또는 ‘같지 않은 사람들’

Und-wie ich schon öfter gesagt habe-wenn man von ‘Gleichheit’ spricht, so meint man damit nicht, dass man *alle Werke als gleich erachten* solle oder alle Stätten oder alle Leute. Das wäre gar unrichtig, denn Beten ist ein besseres Werk als Spinnen, und die Kirche eine würdigere Stätte als die Straße.

그리고-내가 자주 말해왔듯이- 우리가 ‘같음’에 대해 말하면, 우리는 그것으로 모든 일 또는 모든 장소 또는 모든 사람들을 같게 여기라는 뜻은 아니다. 그것은 전혀 옳지 않을 것이다, 왜냐하면 기도는 실을 잣는 것보다 더 좋은 일이고, 교회는 거리보다 더 기품 있는 장소이기 때문이다.

*―――

alle Werke als gleich erachten: '모든 작품을 같다고 여기다'

Du sollst jedoch in allen Werken ein gleichbleibendes Gemüt haben und ein gleichmäßiges Vertrauen und eine gleichmäßige Liebe zu deinem Gott und einen gleichbleibenden Ernst... Wärest du so gleichmütig, so würde dich niemand hindern, deinen Gott gegenwärtig zu haben.

그러나 너는 모든 일을 할 때 너의 하느님에게 항상 똑같은 마음을 가져야 할 것이고, 똑같은 신뢰를, 그리고 똑같은 사랑을 지녀야 할 것이며, 똑같이 진지한 태도를 견지해야 할 것이다... 네가 그렇게 언제나 변함없이 같은 마음이라면, 아무도 네가 너의 하느님을 정확하게 기억하는 것을 방해하지 못할 것이다.

Wem aber Gott nicht so wahrhaft innewohnt, sondern wer Gott beständig von draußen her nehmen muss in diesem und in jenem, und wer Gott in ungleicher Weise sucht, sei's in Werken oder unter den Leuten oder an Stätten, der hat Gott nicht." (Wehr, Gerhard(1988): "die deutsche Mystik", 43쪽. In: Meister Eckhart - Leitstern der spekulativen Mystik.)

그러나 하느님이 정말로 그 사람 속에 살지 않고, 항상 외부의 이것과 저것에서 하느님을 취해야 하는 사람, 모든 일과 사람, 장소 안에서 항상 다른 방법으로 하느님을 구하는 이는 하느님을 만나지 못한다.

*———————————————————————————————

jm. innewohnen: '누구에게 내재하다'

Der Gute lebt im Hier und Jetzt, im Sein und nicht im Schein.
Er sorgt sich nicht um Fernes, sondern tut das Nächstliegende.

선(善)한 자는 지금 여기에, 존재 속에서 살지, 가상(假象)속에서 살지는 않는다.
그는 멀리 있는 것에 대해 걱정하지 않고, 가장 가까이 있는 일을 행(行)한다.
(노자, 기원전 4세기)

*———————————————————————————————

sich sorgen um etw.[4]: '무엇을 걱정하다'

Der jeweilige Augenblick ist stets der kürzeste Weg unserer Seele zu Gott. (Wilfred Monod)

매 순간이야말로 항상 우리 영혼이 하느님에게로 갈 수 있는 가장 빠른 지름길이다.

Ewiges Leben ist heute und jetzt.
Lebe in der Gegenwart. (Anthony de Mello)

영원한 생명은 오늘 그리고 지금 있다.
현재에 살아라.

Die Einsamkeit ist die Mutter der Ruhe und *ein stiller Zufluchtsort, der uns von all unseren Sorgen befreit.* (Johannes Chrysostomus 354-407)

고독이란 평안의 어머니이고, 우리들을 모든 우리들의 걱정들로부터 해방시켜주는 조용한 피난처이다.

*

jn. von etw.[3] *befreien*: '누구를 무엇에서 해방시키다.'
Zuflucht(피난) + Ort(장소) => *Zufluchtsort*(피난처); *Zuflucht*와 *Ort*사이의 '*s*'는 'Fugenelement'(두 단어를 이어주는 이음새 역할을 해주는 요소)로서 두 단어가 발음상 아무 문제없이 매끄럽게 연결되도록 도울 뿐이다.

Gott schenkt uns Vergebung
für das Vergangene,
Mut für das Zukünftige
und Ruhe in seiner
ewigen Gegenwart. (Paul Tillich)

하느님은 과거의 일에 대해서 우리들에게 용서를 해주고,
미래의 일에 대해서 우리들에게 용기를 주고,
하느님의 영원한 현재 안에서 우리들에게 평안을 선물한다.

Wer die Zukunft fürchtet, verdirbt *sich* die Gegenwart. (Lothar Schmidt)

미래를 두려워하는 자는 자신의 현재를 망친다.

*

*Wer*는 '선행사가 없는 관계대명사 주격'이면서 동시에 뒤에 오는 주문장의 주어 역할도 겸하고 있다. *sich*는 '손해의 3격'(dativus incommodi)으로서, '미래를 두려워함으로써 현재를 망치는 것이 자신에게 손해가 됨'을 나타낸다.

Wenn du in dem vollen Wissen lebst, dass
du sterben wirst, dass du nicht ewig leben wirst...,
wenn du mit der Realität des Todes leben kannst,
dann kannst du leben. Wenn du dein ganzes Leben
auf der Flucht vor dem Tode zubringst, bist du auch
auf der Flucht vor dem Leben. (James Baldwin)

네가 언젠가는 죽을 것이라는 사실을,
영원히 살지는 않을 것이라는 사실을 확실히 안다면,
네가 죽음의 현실과 더불어 살 수 있다면,
너는 진실한 인생을 살 수 있다. 만약 네가 너의 평생을 죽음으로부터 도망치는 것으로만 보낸다면, 너는 삶에서 또한 늘 도망치게 될 것이다.

*
auf der Flucht vor etw.: '무엇으로부터 도주하면서'

Jeder neue Tag ist ein Versprechen,
dass alles möglich ist. (Werner K. Hetkamp)

모든 새로운 날은 모든 것이 가능하다는 하나의 약속이다.

Ein Mensch, der seine Arbeit liebt, wird niemals alt.
Jeden Morgen fange ich *von neuem an*,
jedesmal werde ich neu geboren. (Pablo Casals)

자신의 일을 사랑하는 사람은 결코 늙지 않는다.
매일 아침 나는 새롭게 시작하고,
매번 나는 새롭게 태어난다.

*

Jeden Morgen: '4격 명사구'로서 '부사어'로서 사용된다. 그러므로 한 개의 문장성분이고, 정동사 *fange*가 그 다음에 오게 되었고, 분리 전철 *an*은 문장 끝으로 갔다. 서술문에서는 정동사가 두 번째에 오게 되어 있기 때문이다.
von neuem: '새롭게'

Gedichte

Mein sind die Jahre nicht,
Die mir die Zeit genommen;
Mein sind die Jahre nicht,
Die etwa möchten kommen;
Der Augenblick ist mein,
Und *nehm ich den in Acht,*
So ist *der* mein,
Der Jahr und Ewigkeit gemacht. (Andreas Gryphius)

시간이 나에게서 빼앗아 간 몇 년은 이미 내 것이 아니다;
아마도 올 그날들도 아직 내 것이 아니다;
지금 이 순간만이 내 것이다,
그리고 시간과 영원을 만든 그분을 염두에 두면,
그분은 내 것이 된다.

*

jn. in Acht nehmen: '누구를 염두에 두다'
nehm ich den in Acht: *Wenn ich den in Acht nehme*에서 *Wenn*을 생략했을 때의 부문장 형태이다. *den*은 '지시 대명사'로서 바로 뒤에 오는 *der*와 마찬가지로 관계대명사 *Der*가 가리키는 분, 즉 '하느님'을 나타낸다.

"Im Regen pfeifen"

Wie kommt es, dass manche Menschen
sauer in die Sonne sehen
und dass andere im Regen pfeifen können?

Wie kommt *es, dass manche Menschen*
immer Fehler und Verkehrtes sehen,
sobald sie nur die Augen aufmachen?
Es kommt daher, dass sie
über den Sinn des Lebens und der Dinge
verkehrt denken.

Sie brauchen Gott-
nicht ein schenmenhaftes Wesen
ohne Gesicht, irgendwo weit weg,
sondern *den persönlichen Freund,*
den Vater, hier ganz nahe.
Im innigen Umgang mit Gott
bekommen die Menschen
andere Augen für die Dinge,
und an jedem Morgen
ein neues Herz. (Phil Bosmans: Vergiß die Freude nicht. 33쪽)

"빗속에서 휘파람불기"

많은 사람들이 언짢은 기분으로 태양을 쳐다보는 동안,
다른 사람들은 비가 옴에도 휘파람을 불 수 있는 것은

어떻게 된 일인가?

많은 사람들이 눈만 뜨면 항상 실수와 잘못된 것만을 보는 것은
어떻게 된 일인가?
그것은 그들이 인생과 사물의 의미에 대해서
거꾸로 생각하는 것에서 연유한다.

그들은 하느님을 필요로 한다.
얼굴이 없는, 어딘가 멀리 있는, 유령 같은 존재가 아니라
여기 아주 가까운 곳에 있는 친구나 아버지와 같은 존재를.
하느님과의 친밀한 사귐에서 사람들은 사물을 다른 눈으로 보게 되고,
매일 아침 새로운 마음을 갖게 된다.

*

*es*는 *dass*....를 주문장에서 미리 받아주는 '상관사(相關詞)'(Korrelat)이다. 정관사 *der*는 여기에서 하느님이 추상적 존재나 추상적 개념이 아니라, 친구, 아버지 또는 어떤 신부(神父)님과 같은 구체적인 '특정 인물'을 나타낸다.

2

Das Wesen Gottes

Einführung

In ihm war das Leben, und dieses Leben war das Licht der Menschen.

그분 안에 생명이 있었으니, 이 생명은 사람들의 빛이었습니다.

(요한 1,4)

Da antwortete Gott dem Mose: *Ich bin der "Ich-bin-da"*.[1]

하느님은 모세에게 나는 "있는 분이시다"라고 대답했다. (출애굽기 3,14)

"하느님은 시간을 초월하여 영원히 계시는 존재"임을 구약성경의 출애굽기에서 알려주고 있다.

---

1 혼란에 빠져 있던 나에게는 이 "나는 있는 자 그로다"라는 말이 마치 바위와도 같이 느껴졌다. 이 순간부터 하느님에 대한 개념이 내게는 정확하고 명료하고 확고한 것으로 다가왔다. 모호하던 모든 생각들이 깨끗이 쓸려나가고, 내가 살도록 내던져진 이 삶이 하나의 만남을 향해 가는 길이라는 확신이 생겨났다. (피에르 신부: "단순한 기쁨", 81쪽)

Also gab es nie die Zeit, da du müßig noch nichts geschaffen hattest, denn die Zeit selber hast ja Du geschaffen. Und es gibt keine Zeit, die mit Dir mit-ewig wäre, denn Du verharrst als der Du bist. (Augustinus: Bekenntnisse, S. 627)

시간도 바로 당신이 지으신 것이니, 당신께서 아무것도 하시지 않았을 때에는 시간마저 없었습니다. 그리고 어떠한 시간도 당신과 함께 똑같이 영원할 수는 없습니다. 왜냐하면 당신은 항상 변함없이 계시는 분이시기 때문입니다.

Text

Aphorismen

Es ist notwendig, dass der Mensch alle
seine Seelenkräfte nach vernünftigem Ermessen
wirksam sein lasse und *sich* ein Ziel *vor Augen*
setze, nämlich dies: Gott den Allmächtigen und
Erhabenen zu erfassen, soweit es dem Menschen
möglich ist. (Maimonides)

인간은 자신의 모든 영혼의 힘을 이성적으로
활동시키고, 하나의 목표를
자신의 눈앞에 두어야 한다:
그것은,
전능하고 고귀하신 분인 하느님을
인간에게 허락된 만큼 파악하는 것.

*———————————————————————————————

*sich*는 '소유의 3격'으로서 *vor Augen*의 소유주가 '자신'임을 나타낸다. 독일어에서 '소유의 3격'은 '신체의 일부 또는 의복'과만 함께 올 수 있다.

Was Gott ist, wird *in Ewigkeit* kein Mensch ergründen,

doch will er treu *sich* allezeit *mit uns verbünden*. (Conrad Ferdinand Meyer, 1825-1898)

하느님이 무엇인지 아무도 영원히 규명해내지 못할 것이지만, 그럼에도 불구하고 하느님은 언제나 우리들과 신실하게 함께 하실 것이다.

*———————————————————————————————

in Ewigkeit: '영원히, 영원토록'
mit jm. sich verbünden:. '누구와 동맹을 맺다'

Bring doch - Gott -
in unsere Dunkelheit - dein Licht,
in unsere Zwietracht - deine Versöhnung,
in unseren Kummer - deine Freude,
in unsere Kälte - deine Liebe,
in unseren Tod - dein Leben,
dann *haben wir teil an deinem Fest.*
Dann feiern wir wirklich die Geburt
Jesu Christi. (Peter Klever)

하느님 - 우리 어둠 속으로 - 당신의 빛을,
우리 불화 속으로 - 당신의 화해를,
우리 걱정 속으로 - 당신의 기쁨을,

우리 추위 속으로 - 당신의 사랑을,
우리 죽음 속으로 - 당신의 생명을 주십시오,
그리하여 우리는 당신의 축제에 참여하게 되고
진실로 예수 그리스도의 탄생을 축하하게 될 것입니다.

*
an etw.[3] *teilhaben*: '무엇에 참여하다'
Jesu Christi: *Jesus Christus*의 2격

2.1. Gott ist Licht

Einführung

Als Jesus ein andermal zu ihnen redete, sagte er: "Ich bin das Licht der Welt. *Wer mir nachfolgt,* wird nicht in der Finsternis *umhergehen,* sondern wird das Licht des Lebens haben."

예수님께서는 그들에게 말씀하실 다른 기회가 있었을 때 이렇게 말씀하셨다: "나는 세상의 빛이다. 나를 따르는 이는 누구든지 어둠 속에서 헤매지 않고, 생명의 빛을 얻을 것이다." (요한 8,12)

*
Wer mir nachfolgt: 선행사가 없는 관계문의 주어로서 '나를 따르는 자는 누구든지'를 뜻한다.
jm. nachfolgen: '누구의 뒤를 따르다'
umhergehen: '길을 잃고 이리 저리 헤매다'

"하느님은 빛이다"라고 복음서는 전한다. 죄책감은 어둠이다. 그것은 사랑이신 하느님의 빛을 받아들이지 않는 우리 안에 있는 어두운 영역이다. (...) 충분히 사랑하지 못할까봐 두려워하는 마음 이외의 모든 두려움으로부터 벗어나게 해주는 사랑의 메시지를 통해 인도해야 함을 교회가 마침내 깨달은 것이다. (...) 이 모든 왜곡된 모습들 앞에서 나는 점차적으로 '하느님'(너무도 끔찍하고 부당한 이미지들로 인해 왜곡된)이라는 말을 '사랑이신 영원한 주'라는 말로 대체하는 습관을 갖게 되었다.

(피에르 신부: "단순한 기쁨", 130-131쪽)

Text

Bibel

Ich bin das Licht, das in die Welt gekommen ist,

damit jeder, der an mich glaubt, nicht in der Finsternis bleibt.

나는 나를 믿는 자는 누구든지 어둠 속에 남아 있지 않도록 하기 위해서 이 세상에 온, 바로 그 빛이다. (요한 12,46)

*

damit: '목적'을 나타내는 부문장을 이끈다.

<Das Wesen Gottes>

Das ist *die Botschaft*, die wir von ihm gehört haben und euch verkünden: Gott ist Licht, und keine Finsternis ist in ihm. Wenn wir sagen, dass wir Gemeinschaft mit ihm haben, und doch in der Finsternis leben, lügen wir und tun nicht die Wahrheit. Wenn wir aber im Licht leben, wie er im Licht ist, *haben wir Gemeinschaft miteinander*, und das Blut seines Sohnes Jesus reinigt uns von aller Sünde.

<하느님의 본질>

우리가 그분에게서 듣고 이제 여러분에게 전하는 복음 말씀은 이것이다: 하느님은 빛이시며, 그분 안에는 어둠이 없다. 만일 우리가 하느님과 친교를 나눈다고 말하면서 어둠 속에서 살아간다면 우리는 거짓말을 하는 것이고, 진리를 실천하지 않는 것이다. 그러나 그분께서 빛 속에 계신 것처럼 우리도 빛 속에서 살아간다면, 우리는 서로 친하게 되고, 그분의 아드님이신 예수님의 피가 우리를 모든 죄에서 깨끗하게 해 줄 것이다. (1요한 1,5-7)

*―――――――――――――――――――

die Botschaft: (geh.) '복음'(=die Frohe Botschaft)
mit jm. Gemeinschaft haben: '누구와 친교를 갖다'
jn. von etw.[3] *reinigen*: '...를 ....으로부터 정화(淨化)시키다'

Blickt auf zu ihm, so wird euer Gesicht leuchten, und *ihr braucht nicht zu erröten*.

주님을 쳐다보아라, 그러면 너희의 얼굴은 빛나리오, 너희는 부끄러워서 얼굴을 붉힐 필요가 없으리라. (시편 34,6)

*―――――――――――――――――――

*erröten*은 자동사로서 'im Gesicht rot werden'의 의미이다.
brauchen nicht zu-Inf: '....할 필요가 없다'

Das Volk, das im Dunkel lebt, sieht ein helles Licht; über *denen*, *die* im Land der Finsternis wohnen, *strahlt ein Licht auf*. Du erregst lauten Jubel und schenkst große Freude. Man freut sich in deiner Nähe, wie man sich freut bei der Ernte, wie man jubelt, wenn Beute verteilt wird.

어둠 속에서 사는 백성이 밝은 빛을 봅니다. 암흑의 땅에 사는 이들에게 갑자기 빛이 비칩니다. 당신께서는 큰 환호를 불러일으키시고, 큰 기쁨을 주십니다. 사람들은 당신 옆에서 기뻐합니다. 수확할 때 기뻐하듯, 전리품이 배분될 때 환호하듯.

(이사 9,1-2)

*

denen: '지시 대명사 복수 3격'으로서 뒤에 오는 관계 대명사 *die*가 설명해주고 있다.
aufleuchten: '갑자기, 짧게 빛나다'

Aphorismen

Das Licht ist in die Welt gekommen. Jeder
muss sich entscheiden, ob er im Licht der
Nächstenliebe oder im Dunkel der Eigensucht
wandeln will. Danach werden wir beurteilt.
Die wichtigste und dringlichste Frage lautet
daher: Was hast du für andere getan? (Martin Luther King)

빛이 세상으로 왔다. 각자(各自)는 이웃사랑의 빛 속에서 살아갈지
이기주의라는 어둠 속에서 살아갈지 결정해야 한다.
그에 따라서 우리는 평가받는다. 가장 중요하고 긴급한 질문은
그러므로 다음과 같다: 너는 다른 사람들을 위해서 무엇을 했는가?

*

*wandeln*은 원래 '목표 없이 천천히 걸어서 돌아다니다'의 의미지만, '성경'에서는 '어떻게 살아가다'를 뜻한다.

2.2. Gott ist Liebe

Einführung

"주님은 인간을 사랑하십니다. 마치 부모가 자신의 아이를 낳기 전부터 사랑하듯이, 우리가 그분의 사랑을 알기 전부터 그분은 우리를 사랑하신 것입니다."

(요한 바오로 2세(2011): "여러분도 행복하세요", 1쪽)

<모성애보다 더 큰 하느님의 사랑>

"참으로 하느님은 인간을 극진히 사랑하십니다. 하느님은 사랑이시고 사랑으로밖에 당신을 드러낼 수 없습니다. 사실 우리는 하느님의 사랑을 받을 어떤 자격도 없습니다. 그러나 하느님은 사랑 자체이고 우리를 사랑에서 창조하셨기 때문에 우리를 사랑하지 않을 수 없습니다. 그리고 우리가 이것을 믿고 산다면 우리는 어떤 처지에서도 실망하지 않을 것입니다."

(김수환 추기경: "바보가 바보들에게" 1권, 127쪽)

"그리스도교에서 말하는 믿음은 사랑과 결코 떼어놓을 수 없는 것이다. 왜냐하면 하느님이 곧 사랑이기 때문이다. 하느님을 부인하는 것처럼 보이는 그 모든 것을 무시하고 사랑이신 하느님을 믿는다. 그분의 존재 자체가 사랑이며, 그것이 그분의 본질을 이룬다." (피에르 신부: "단순한 기쁨", 92-93쪽)

Text

Bibel

Das ist mein Gebot: Liebt einander, so wie ich euch geliebt habe.

이것이 나의 계명이다: "내가 너희를 사랑한 것처럼 너희도 서로 사랑하여라."
(요한 15,12)

Danket dem Herrn, denn er ist gütig, denn seine Huld währt ewig.

주님께 감사하여라, 그분은 자비로운 분이시며, 주님의 자애는 영원히 계속되기 때문이다. (시편 118,1)

Meine Freunde, wir wollen einander lieben, denn die Liebe hat ihren Ursprung in Gott, und wer liebt, ist aus Gott geboren und kennt Gott. Wer nicht liebt, hat Gott nicht erkannt; denn Gott ist Liebe.

내 친구들이여, 우리는 서로를 사랑하려고 합니다. 왜냐하면 사랑은 하느님에게서 유래하기 때문입니다. 그리고 사랑하는 이는 모두 하느님에게서 태어났으며 하느님을 압니다. 사랑하지 않는 사람은 하느님을 알지 못합니다; 왜냐하면 하느님은 사랑이시기 때문입니다. (1요한 4,7-8)

Gottes Liebe zu uns ist daran sichtbar geworden, dass Gott seinen einzigen Sohn in die Welt gesandt hat, um uns durch ihn das Leben zu geben. Das ist das Fundament der Liebe: nicht, dass wir Gott geliebt haben, sondern dass er uns geliebt und seinen Sohn als Sühneopfer für unsere Sünden zu uns gesandt hat.

하느님께서 그를 통하여 우리를 살리기 위해 자신의 독생자(獨生子)를 세상에 보내신 것에서, 우리에 대한 하느님의 사랑이 보이게 되었습니다. 이것이 사랑의 토대입니다: 우리가 하느님을 사랑한 것이 아니라, 그분께서 우리를 사랑하시어 자신의 아드님을 우리 죄를 보속하기 위한 속죄 제물로 우리들에게 보내 주신 것입니다.
(1요한 4,9-10)

*

Gottes Liebe zu uns ist daran sichtbar geworden, dass....: '하느님의 우리에 대한 사랑은 *dass....*에서 드러났다'

Meine Freunde, da Gott uns so sehr geliebt hat, *sind auch wir verpflichtet, einander zu lieben*. Ihn selbst hat niemand je gesehen. Doch wenn wir einander lieben, lebt er in uns, und seine Liebe *hat* uns von Grund auf *erneuert*.

내 친구들이여, 하느님께서 우리를 이렇게 사랑하셨으니 우리도 또한 서로 사랑해야할 의무가 있습니다. 지금까지 하느님을 직접 본 사람은 아무도 없습니다. 그러나 우리가 서로 사랑하면, 하느님께서 우리 안에 사시고, 그분의 사랑이 우리를 전혀 새로운 사람으로 만들었습니다. (1요한 4,11-12)

*

verpflichtet sein, einander zu lieben: '서로를 사랑할 의무가 있다'
erneuern: 'neuer machen' 토대형용사(Basisadjektiv) *neuer*에 접두사(Präfix) *er*와 동사로 만들어주는 어미 *-n*이 와서 '작위동사'(Faktitiva)가 만들어졌다. '작위동사'는 'BA machen'으로 의미가 풀이되는 '동사들'이다.

Woher wissen wir, dass wir in Gott leben und dass Gott in uns lebt? Wir erkennen es daran, dass er uns Anteil an seinem Geist gegeben hat.

Ein weiterer Grund für unsere Gewissheit ist der: Wir haben gesehen und können bezeugen, dass der Vater seinen Sohn als Retter der Welt zu uns gesandt hat; und wenn sich jemand zu Jesus als dem Sohn Gottes bekennt, lebt Gott in ihm, und er lebt in Gott.

우리가 하느님 안에 살고 하느님께서 우리 안에 사신다는 것을 우리는 어떻게 압니까? 우리는 그것을 하느님께서 우리에게 당신의 영을 나누어 주셨다는 것에서 압니다. 우리가 확신하는 또 하나의 이유는 이것입니다: 우리는 아버지께서 아드님을 세상의 구원자로 우리들에게 보내신 것을 보았고 또 증언할 수 있습니다; 누구든지 예수님께서 하느님의 아드님이심을 고백하면, 하느님께서 그 사람 안에 사시고, 그 사람도 하느님 안에 살게 됩니다. (1요한 4,13-15)

Wir haben erkannt, dass Gott uns liebt, und haben dieser Liebe unser ganzes Vertrauen geschenkt. Gott ist die Liebe; und *wer in der Liebe bleibt, der bleibt in Gott* und Gott (bleibt) in ihm.

하느님께서 우리를 사랑하신다는 것을 우리는 알게 되었고, 우리는 이 사랑을 온전히 믿게 되었습니다. 하느님은 사랑이십니다. 그리고 사랑 안에 머무르는 사람은 하느님 안에 머무르고, 하느님께서도 그 사람 안에 머무르십니다. (1요한 4,16)

*

wer in der Liebe bleibt, der bleibt in Gott: 관계 대명사 *wer*가 관계문의 주어로 오면 주문장의 주어는 다음과 같이 생략될 수도 있으나: *wer in der Liebe bleibt, bleibt in Gott*이처럼 주어를 강조하기 위해 *der*가 또 한 번 더 올 수도 있다.

der bleibt in Gott: '하느님 안에 머물다'
"bleiben 2 SBP: Enom Eadv

(sich von irgendwo nicht entfernen 어디에서 떠나지 않다)
Bleiben Sie bitte am Apparat! (제발 전화기 옆에 계속 자리를 지켜주세요!)"
(김경욱(2011): "A-Z 독일어 문장연습", 137쪽)

An jenem Tag werdet ihr *mich nichts mehr zu fragen brauchen.* Ich versichere euch: Wenn ihr dann den Vater in meinem Namen um etwas bittet, wird er es euch geben. Bisher habt ihr nichts in meinem Namen erbeten. Bittet, und ihr werdet empfangen; dann wird eure Freude vollkommen sein.

그날에는 너희가 나에게 아무 것도 물을 필요가 없을 것이다. 내가 확실히 너희에게 말한다: 너희가 내 이름으로 아버지께 청하는 것은 무엇이든지 그분께서 너희에게 주실 것이다. 지금까지 너희는 아무것도 내 이름으로 청하지 않았다. 청하여라. 그러면 너희는 받을 것이다; 그리하여 너희 기쁨이 충만해질 것이다.

(요한 16,23-24)

*

jn. etw.[4] *fragen* '누구에게 무엇을 묻다'에서는 '사람'은 '4격'이고 '질문'도 '4격'이지만, *den Vater um etw.*[4] *bitten* '아버지에게 무엇을 청하다'에서는 '사람'은 4격이지만, '요청'은 'um +4격'이다.
brauchen nicht zu: '....할 필요가 없다'

<Jesu Sieg über die Welt>

Bisher habe ich mit Hilfe von Bildern zu euch gesprochen. Aber es kommt eine Zeit, wo ich nicht mehr in dieser Weise mit euch reden werde; *frei* und offen werde ich dann über den Vater zu euch sprechen. Wenn jene Zeit gekommen ist, werdet ihr ihn in meinem Namen bitten. Ich sage nicht, dass ich dann den Vater für euch bitten werde. Denn er selbst, der Vater, hat euch lieb, weil ihr mich liebt und daran glaubt, dass ich von Gott gekommen bin. Ja, vom Vater gesandt, bin ich in die Welt gekommen. Und jetzt verlasse ich die Welt wieder und gehe zum Vater zurück.

<세상에 대한 예수님의 승리>

나는 지금까지 너희에게 이런 것들을 비유의 도움을 받아 이야기하였다. 그러나 내가 더 이상 너희들과 이런 방법으로 이야기하지 않고 아버지에 관하여 비유의 도움 없이 드러내 놓고 너희에게 말해줄 때가 올 것이다. 그때가 오면, 너희는 내 이름으로 아버지에게 청할 것이다. 내가 너희를 위하여 아버지께 청하겠다는 말이 아니다. 왜냐하면 아버지께서 친히 너희를 사랑하시기 때문이다. 아버지께서 너희를 사랑하시는 이유는 너희가 나를 사랑하고 또 내가 하느님에게서 왔다는 것을 믿기 때문이다. 정말 그렇다, 아버지에 의해 보내어져서 나는 세상에 왔다. 그리고 이제 나는 다시 세상을 떠나서 아버지께 돌아간다. (요한 16,25-28)

*

frei: '비유의 도움 없이'

Du hast mit allen Erbarmen, weil du alles vermagst, und *siehst über die Sünden der Menschen hinweg*, damit sie *sich bekehren*. Du liebst *alles, was ist,* und verabscheust nichts von allem, was du gemacht hast; denn *hättest du etwas gehasst,* so hättest du es nicht geschaffen. Wie könnte etwas ohne deinen Willen *Bestand haben*, oder wie könnte *etwas* erhalten bleiben, *das nicht von dir ins Dasein gerufen wäre*? Du schonst alles, weil es dein Eigentum ist, Herr, du Freund des Lebens.

당신께서는 모든 것을 하실 수 있기에 모든 사람에게 자비하시고, 사람들이 회개하도록 사람들의 죄를 보아 넘겨주십니다. 당신께서는 존재하는 모든 것을 사랑하시며, 당신께서 만드신 그 어떤 것도 혐오하지 않으십니다. 왜냐하면 당신이 어떤 것을 싫어했다면, 그것을 창조하지 않았을 것이기 때문입니다. 당신께서 원하지 않으신다면 무엇이 계속 존재할 수 있을 것이며, 당신으로 인해 존재하지 않았다면, 어떤 것이 그대로 유지될 수 있겠습니까? 모든 것이 당신의 재산이기 때문에, 당신께서는 모든 것을 소중히 여기십니다, 주님, 생명의 친구여. (지혜 11, 23-26)

*

Du hast mit allen Erbarmen: '하느님 당신께서는 모든 사람들에게 자비를 베푸십니다'
über die Sünden der Menschen hinwegsehen: '사람들의 죄를 보아 넘겨주다'
sich bekehren: '회개하다'
alles, was ist: '존재하는 모든 것' *alles*가 선행사이면, 관계 대명사 *was*가 받아주어야 한다.
hättest du etwas gehasst: *wenn du etwas gehasst hättest*의 *wenn*을 생략했을 때의 문형.
Bestand haben: '계속 존재하다'(andauern)
etwas, das nicht von dir ins Dasein gerufen wäre: '당신에 의해 존재하게 되지 않은 어떤 것'; 선행사 *etwas*는 '부정(不定) 대명사'(Indefinitpronomen)이므로 관계 대명사 *das*가 받아준다.
etwas ins Dasein rufen: '무엇을 존재하게 하다'

<das Hohelied der Liebe>

Wenn ich in den Sprachen der Menschen und Engel redete, hätte aber die Liebe nicht, wäre ich dröhnendes Erz oder eine lärmende Pauke. Und wenn ich prophetisch reden könnte und alle Geheimnisse wüsste und alle Erkenntnis hätte; wenn ich alle Glaubenskraft besäße und Berge damit versetzen könnte, hätte aber die Liebe nicht, wäre ich nichts.

<사랑의 찬가>

내가 인간의 여러 언어와 천사의 언어로 말한다 해도 나에게 사랑이 없으면 나는 요란한 징이나 시끄러운 꽹과리 소리에 지나지 않습니다. 내가 예언하는 능력이 있고 모든 신비와 모든 지식을 깨닫고 산을 옮길 수 있을 만큼 큰 믿음이 있다 하여도, 나에게 사랑이 없으면 나는 아무 것도 아닐 것입니다.

Und *wenn ich meine ganze Habe verschenkte, und wenn ich meinen Leib dem Feuer übergäbe, hätte aber die Liebe nicht, nützte es mir nichts*. Die Liebe ist langmütig, die Liebe ist gütig. Sie ereifert sich nicht, sie prahlt nicht, sie bläht sich nicht auf.

내가 모든 재산을 나누어주고, 불태워지도록 내 몸까지 넘겨준다 하여도, 나에게 사랑이 없다면 아무 소용이 없을 것입니다. 사랑은 참고 기다립니다, 사랑은 친절합니다. 사랑은 시기하지 않고, 뽐내지 않으며, 교만하지 않습니다.

*

wenn ich meine ganze Habe verschenkte, und wenn ich meinen Leib dem Feuer übergäbe, hätte aber die Liebe nicht, nützte es mir nichts: *verschenkte, übergäbe, hätte*와 *nützte*는 모두 '접속법 2식'으로 '사실'이 아닌 '가정'을 나타낸다.

hätte aber die Liebe nicht: *wenn ich aber die Liebe nicht hätte*에서 *wenn*을 생략하고 주어 *ich*도 앞에 나왔으므로 생략했다.

Sie handelt nicht ungehörig, sucht nicht ihren Vorteil, lässt sich nicht zum Zorn reizen, *trägt das Böse nicht nach*. Sie freut sich nicht über das Unrecht, sondern freut sich an der Wahrheit. Sie erträgt alles, glaubt alles, hofft alles, *hält allem stand*. Die Liebe hört niemals auf.

사랑은 예의 없게 행동하지 않고, 자기 이익을 추구하지 않으며, 성을 내지 않고, 악행을 용서해줍니다. 사랑은 불의에 대해 기뻐하지 않고, 진실을 두고 함께 기뻐합니다. 사랑은 모든 것을 참고, 모든 것을 믿으며, 모든 것을 바라고, 모든 것을 견디어 냅니다. 사랑은 언제까지나 스러지지 않습니다.

(1코린 13,1-8) (피에르 신부: "단순한 기쁨", 97-98쪽에서 재인용)

*

jm. eine Äußerung nachtragen: '누구에게 그의 발언을 계속 용서해주지 않다'(모델)
etw.[3] *standhalten*: '무엇을 견디어내다'

Aphorismen

Alle Menschengüte bereitet *den Weg zu Gott*, der die Liebe ist. (Rupert Mayer)

모든 인간의 자비는 사랑이신 하느님께로 가는 길을 준비한다.

*

den Weg zu Gott/nach Würzburg: 명사 *Weg*은 그 의미에 의해 한 개의 명사보충어 *zu Gott* 또는 *nach Würzburg*를 요구한다.

Gedichte

<Er ist Liebe>
In Augenblicken der Entmutigung,
der Schwäche, der Angst in deinem Leben,

ist es von größter Bedeutung,
einen guten Menschen zu treffen,
einen, der Verständnis hat,
der dich nicht *anschnauzt,*
der dich nicht abkanzelt,
sondern der dich aufrichtet
und dich *zu trösten vermag.*

<하느님은 사랑이시다>
네가 살아가면서 낙담하거나
약해질 때, 또는 불안한 순간들에,
이해심 있고,
너를 격렬하게 질책하지도 않고,
날카롭게 비난하지도 않고,
너를 일으켜 세워주고,
너를 위로해줄 수 있는
좋은 인간을 만나는 것이 가장 중요하다.

*

ist es von größter Bedeutung, einen guten Menschen zu treffen: *es*는 *zu....*를 주문장에서 미리 받아주는 '상관사'(Korrelat)이다.
anschnauzen: 동의어는 *anfahren*이다.
zu trösten vermag: '*trösten kann*'

Wir sind alle arme, schwache Menschen.
Wir sind keine engelgleichen Wesen
mit Flügeln und einem Haupt
hoch über der Erde in den Wolken,

Wesen, die spielend auf dem Hochseil
der Vollkommenheit wandeln.

우리는 모두 불쌍하고 약한 인간들이다.
우리는 땅위 높은 곳 구름 속에 있는 날개와 머리를 가진 천사와 같은 존재들은 결코 아니며, 광대용 밧줄 위에서 완벽한 곡예를 하는 곡예사와 같은 존재도 결코 아니다.

> *
> *Wesen* 앞에 *keine*를 보충해서 번역해야 의미가 통한다.

Wir *haben* alle *Verständnis,*
Ermutigung und Vergebung nötig.
Das ist die Gabe,
die wir uns immer wieder
im Namen Jesu von Nazaret anbieten sollen.

우리는 모두 이해와,
격려와 용서를 필요로 한다.
그리고 그것이 우리가 나자렛의 예수님의
이름으로 우리 자신들에게 제공해야 할
바로 그 선물이다.

> *
> *etw.*[4] *nötig haben*: '무엇을 필요로 하다'

Kennst du ihn?
Viele kennen ihn dem Namen nach.

Wenige kennen ihn als Freund.
Er will die Menschen vom Bösen erlösen
und vom Ungeliebtsein.
Er hält zu den Armen und Sündern
und *regt sich nur auf*
über Reiche und Scheinheilige,
über Menschen, die meinen,
vollkommen zu sein
und so etwas wie Erlösung und Vergebung
nicht nötig zu haben.

너는 그를 아는가?
많은 사람들은 그의 이름만 안다.
소수(少數)의 사람들만 그를 친구로서 안다.
그는 악에 빠진 사람들과,
사랑받지 못하는 사람들을
구원하고자 한다.
그는 가난한 사람들과 죄인들을 편들고,
부자들, 성스러운 체하는 사람들과
자신이 완전하다고 생각하면서
구원과 용서 같은 것을
필요로 하지 않는다고 생각하는
사람들에 대해서만 화를 낸다.

*

Scheinheilige : '겉으로만 성스럽고 실제로는 성스럽지 않은 사람들'
zu jm. halten : '누구를 편들다'
sich über jn. aufregen : <통용어> '누구에 대해 화내다'

Menschen, die meinen, vollkommen zu sein und so etwas wie Erlösung und Vergebung nicht nötig zu haben: *meinen*은 다음의 동사가를 갖고 있다:

"*meinen* 1. SBP: Enom Eprop (Epräp)(=*zu*)
'zu etw. etw. als Meinung haben 무엇에 대해 어떤 의견이다'를 뜻하며 '명제 보충어'(Eprop)는 다음 예문들이 보여주는 바와 같이 '문장형태'로 실현되고 논항 '명제내용'(Inhaltsträger)을 나타낸다: *Ich meine,* ***dass wir jetzt gehen sollten.***(나는 우리가 지금 가야한다는 의견이다); *Er meinte* ***im Recht zu sein.***(그는 자신이 옳다고 생각했다); *Ich meine,* ***er wird schon noch anrufen.*** (나는 그가 곧 또 전화할 것이라고 생각한다.)"

(김경욱(2011): "A-Z 독일어 문장연습", 299쪽)

Er sagt: "Wer ohne Sünde ist,
der werfe den ersten Stein."
Und er erzählt vom verlorenen Sohn,
der zurückkommt und der vom Vater
mit offenen Armen aufgenommen wird,
ohne zu fragen nach Wie und Warum,
und ohne Vorwürfe, im Gegenteil.
Jesus ist nicht wie die Menschen.
Er ist Liebe. Er macht ein Fest
für jeden verlorenen Sohn
und gibt dem guten Schächer das Paradies.
Für die Ehebrecherin schreibt er in den Sand.
Das verlorene Schaf nimmt er liebevoll
auf seine Schultern.
Nur einmal hat er aufgefordert,

von ihm zu lernen: “Lernt von mir,
ich bin gütig und selbstlos.”

그는 말한다: “죄가 없는 사람이
첫 번째 돌을 던져라.”
그리고 예수님은 그가 돌아왔을 때,
‘어떻게’와 ‘왜’에 대해서는 묻지도 않고,
비난도 하지 않고,
오히려 그 반대로
아버지가 두 팔을 활짝 열고
맞이했던 잃어버린 아들에 관해 이야기한다.
예수님은 보통 사람들과는 다르다.
그는 사랑이시다.
그는 모든 잃어버린 아들을 위해서
축제를 열고,
예수님과 함께 십자가에서 처형된
그 선량한 강도에게 천국을 선물한다.
간통녀를 위해서도 그는 모래에 글을 쓴다.
그는 자비롭게 잃어버린 양을
두 어깨 위에 받아들인다.
단 한 번 그는 자신으로부터 배우기를 요구했다:
“나로부터 배워라,
나는 자비롭고 사리사욕이 없다.”

Diesen Jesus mag ich mehr, als ich sagen kann.
Er lebt für mich. Ich möchte so gern,
dass du ihn kennenlernst,
nicht als einen Freund in der Vergangenheit,

sondern als einen Freund,
der ganz in deiner Nähe lebt. (Phil Bosmans: “Vergiß die Freude nicht!”, S. 86-87)

예수님을 나는 말로 표현할 수 있는 이상으로
사랑한다. 그는 나를 위해 산다.
나는 네가 예수님을 과거의 한 친구로서가 아니라,
바로 옆에 살고 있는 한 친구로서
알게 되기를 간절히 바란다.

2.3. Gott ist Leben

Einführung

사도 바오로는 그의 착실한 아들이 된 티토에게 말합니다:

“나 바오로는 하느님의 종이며, 예수 그리스도의 사도이다. 내가 이렇게 부르심을 받은 것은, 하느님께 선택된 이들의 믿음을 돕고 신앙에 따른 진리를 깨우쳐 주기 위한 것으로, ‘영원한 생명의 희망’에 근거합니다. 이 영원한 생명은 거짓이 없으신 하느님께서 창조 이전에 약속하신 것이다. 사실 하느님께서는 제때에 복음 선포를 통하여 당신의 말씀을 드러내셨습니다. 나는 우리 구원자이신 하느님의 명령에 따라 이 선포의 임무를 맡았습니다. 이러한 나 바오로가 같은 믿음에 따라 나의 착실한 아들이 된 티토에게 인사합니다. 하느님 아버지와 우리 구원자이신 그리스도 예수님에게서 은총과 평화가 내리기를 빕니다.” (매일 미사: 2010년 1월 26일, 제1독서)

Text

Bibel

Der Geist ist es, der lebendig macht;
das Fleisch nützt nichts.
Die Worte, die ich zu euch gesprochen habe, sind Geist und sind Leben.

생명을 주는 것은 정신이다;
살은 아무 쓸모가 없다.
내가 너희에게 한 말들은 정신이며, 생명이다. (요한 6,63)

*

Der Geist: 원래 '정신'을 뜻하지만, 여기에서는 '성령'(聖靈)(heiliger Geist)을 나타낸다.
Die Worte: *die Wörter*는 '단어들'이고, *Die Worte*는 '말들'이다.

Amen, amen, ich sage euch:
"Wer glaubt, hat das ewige Leben.
Ich bin das Brot des Lebens."

아멘, 아멘,
나는 너희에게 말한다:
"믿는 사람은 영원한 생명을 얻는다.
나는 생명의 빵이다." (요한 6,47-48)

Denn bei dir ist die Quelle des Lebens,

in deinem Licht schauen wir das Licht.

왜냐하면 당신께 생명의 샘이 있기 때문이고,
당신 빛으로 저희는 빛을 보나이다. (시편 36,10)

Meine Seele *verzehrt sich* in Sehnsucht nach dem Tempel des Herrn. Mein Herz und mein Leib *jauchzen ihm zu*, ihm, dem lebendigen Gott.

주님의 신전을 그리워하며 이 영혼 병들어 가나이다.
그분, 살아계신 하느님을 향하여, 이 마음과 이 몸 환성을 올리나이다.
(시편 84,3)

*

sich verzehren: (geh.) '(무엇에 대한 열망으로) 병들다'
jm. zujauchzen: '....를 향해 환호하다'

Das ist das ewige Leben: *dich, den einzigen wahren Gott zu erkennen und Jesus Christus, den du gesandt hast*.

영원한 생명이란 홀로 참된 하느님인 당신을 알아보고,
당신께서 보내신 예수 그리스도를 알아보는 것이다. (요한 17,3)

*

*Das*는 '후방 지시사'(Katapher)로서 뒤에 오는 '부정사구'(Infinitivgruppe) *dich, den einzigen wahren Gott zu erkennen und Jesus Christus, den du gesandt hast,*를 앞에서 받아준다.

Sie werden *keinen Hunger und keinen Durst mehr leiden*, und weder Sonnenglut noch irgendeine sengende Hitze wird *auf ihnen lasten*. Denn das Lamm in der Mitte vor dem Thron wird *sie weiden* und zu den Quellen führen, aus denen das Wasser des Lebens strömt, und Gott wird *alle Tränen von ihren Augen abwischen.*

그들이 다시는 굶주리지도 목마르지도 않을 것이며, 작열하는 태양도 어떠한 불볕 더위도 그들에게는 내려쬐지 않을 것이다. 왜냐하면 어좌 앞 한 가운데에 계신 어린 양이 그들에게 먹을 것을 주시고, 생명의 물이 흘러나오는 샘들로 그들을 이끌어 주실 것이며, 하느님께서 그들의 눈에서 모든 눈물을 닦아 주실 것이기 때문이다.

(요한묵시록 7,16-17)

*

keinen Hunger und keinen Durst mehr leiden: '더 이상 어떤 배고픔도 목마름도 겪지 않다'
auf ihnen lasten: '그들에게 부담이 되다'
jn. weiden: 'jn. essen lassen'(누구에게 먹을 것을 주다)
alle Tränen von ihren Augen abwischen: '모든 눈물을 그들의 눈에서 닦아 없애다'

Er hat *dem Tod die Macht genommen*
und uns das Licht des unvergänglichen Lebens
gebracht durch das Evangelium.

그리스도는 죽음을 무력화시키시고,
복음을 통해서 우리들에게
불멸의 생명의 빛을 가져다 주셨습니다. (2티모 1,10)

*

dem Tod die Macht nehmen: '죽음에게서 힘을 빼앗다'
unvergänglich: '불멸의'

Jesus antwortete ihr: "Wer von diesem Wasser trinkt, wird wieder *Durst bekommen*; wer aber von dem Wasser trinkt, das ich ihm geben werde, wird niemals mehr *Durst haben*; vielmehr wird das Wasser, das ich ihm gebe, in ihm zur sprudelnden Quelle werden, deren Wasser ewiges Leben schenkt."

예수님께서 그 여자에게 대답하셨다: "이 물을 마시는 자는 누구나 다시 목마를 것이다. 그러나 내가 주는 물을 마시는 사람은 영원히 목마르지 않을 것이다; 내가 그에게 주는 물은 오히려 그 사람 안에서 물이 솟아오르는 샘이 되어, 그 샘물은 영원한 생명을 선물할 것이다. (요한4, 13-14)

*

Durst bekommen: '목마르게 되다'로서 동작태(Aktionsart) '시작'을 나타낸다.
Durst haben: '목이 마르다'로서 동작태 '계속'을 나타낸다.(김경욱(1997): "대학 독일어 작문", 104쪽 '기능동사'(Funktionsverbgefüge) 참조)

Aphorismen

Gott ist das Leben - das ist alles! (Wolfgang Borchert)

하느님은 생명이시다 -그것이 전부이다!

2.4. Gott ist Wahrheit

Text

Bibel

Doch du bist nahe, Herr, und alle deine Gebote sind Wahrheit.

주님, 당신은 가까이 계시나이다, 당신 계명은 모두 진리이옵니다.

(시편 119,151)

<Das Gespräch über den Weg zum Vater>:

Euer Herz lasse sich nicht verwirren. Glaubt an Gott, und glaubt an mich! Im Haus meines Vaters gibt es viele Wohnungen. Wenn es nicht so wäre, hätte ich euch dann gesagt: ich gehe, um einen Platz für euch vorzubereiten. Wenn ich gegangen bin und einen Platz für euch vorbereitet habe, komme ich wieder und werde euch zu mir holen, damit auch ihr dort seid, wo ich bin. Und wohin ich gehe - den Weg dorthin kennt ihr. Thomas sagte zu ihm: Herr, wir wissen nicht, wohin du gehst. Wie sollen wir dann den Weg kennen? Jesus sagte zu ihm: Ich bin der Weg und die Wahrheit und das Leben; niemand kommt zum Vater außer durch mich.

<아버지께로 가는 길에 대한 대화>

"너희 마음이 산란해지는 일이 없도록 하여라. 하느님을 믿고 또 나를 믿어라. 내 아버지의 집에는 거처할 곳이 많다. 그렇지 않다면 내가 너희를 위하여 자리를 마련하러 간다고 말하였겠느냐? 내가 가서 너희를 위하여 자리를 마련하면, 다시 와서 너희를 데려와, 내가 있는 곳에 너희들도 또한 함께 있도록 하겠다. 너희는

내가 어디로 가든지 그 길을 알고 있다." 그러자 토마스가 예수님께 말하였다: "주님, 저희는 주님께서 어디로 가시는지 알지도 못하는데, 어떻게 그 길을 알 수 있겠습니까?" 예수님께서 그에게 말씀하셨다: "나는 길이요 진리요 생명이다. 나를 통하지 않고서는 아무도 아버지께 갈 수 없다." (요한 14,1-6)

Aphorismen

Wie "alle Wege des Herrn Erbarmen und Wahrheit", und doch: "gerecht der Herr auf allen seinen Wegen".

"주님의 모든 길들은 자비와 진리이다", 그리고 정말로: "주님은 그의 모든 길에서 정의로우시다." (Anselm von Canterbury(1962): "Proslogion", 103쪽)

2.5. Gott ist der Ursprung alles Guten

Einführung

모든 선의 근원이신 하느님, 주님을 사랑하는 마음을 북돋아 주시고 활기찬 믿음을 주시어, 저희 안에서 은총의 씨앗이 자라나, 주님의 도움으로 열매를 맺게 하소서.

(매일 미사, 2010년 1월 27일, 본기도)

하느님은 홀로 선하시고 참으로 선(善) 그 자체이시지만, 부모님 또한 이 지고(至高)한 선(善)에 독특한 방법으로 참여하고 계십니다. 그러므로, 부모님을 공경하십시오! -복자 요한 바오로 2세 교황 <가정교서> 15항-

(서울주보, 2011년 5월 8일, 3쪽 "머무름")

Text

Bibel

Die Weisung des Herrn ist vollkommen, sie erquickt den Menschen. Das Gesetz des Herrn ist *verlässlich*, den Unwissenden macht es weise. Die Befehle des Herrn sind richtig, sie erfreuen das Herz; das Gebot des Herrn ist lauter, es erleuchtet die Augen. Die Furcht des Herrn ist rein, sie besteht für immer. Die Urteile des Herrn sind wahr, gerecht sind sie alle.

주님의 가르침은 완전하여 가르침을 받는 자를 활기차게 하고, 주님의 법은 믿을 만하여 무지한 자를 현명하게 만드네. 주님의 명령들은 옳아서 듣는 자의 마음을 기쁘게 한다네; 주님의 계명은 순수해서 듣는 자의 눈을 빛으로 채운다네. 주님을 경외함은 순수하니 그것은 영원히 계속된다네. 주님의 판단은 진실하니 그 모든 판단은 정의롭다네. (시편 19, 8-10)

*

verlässlich: 'zuverlässig'(신뢰할만한)

<Vom leichten Joch Jesu>

Kommt alle zu mir, die ihr *euch plagt* und *schwere Lasten zu tragen habt*. Ich werde euch Ruhe verschaffen. Nehmt mein Joch auf euch und lernt von mir; denn ich bin gütig und von Herzen demütig; so werdet ihr Ruhe finden für eure Seele. Denn mein Joch drückt nicht und meine Last ist leicht.

<예수님의 가벼운 멍에>

고생하며 무거운 짐들을 져야하는 너희는 모두 나에게 오너라. 내가 너희에게 안식을 주겠다. 내 멍에를 네 어깨에 메고 나로부터 배워라; 왜냐하면 나는 친절하고 마음이 겸손하기 때문이다; 그리하면 너희는 영혼을 위한 안식을 얻을 것이다. 내 멍에는 무겁지 않고 내 짐은 가볍기 때문이다. (마태 11,28-30)

*

sich plagen: '고생하다'
schwere Lasten zu tragen haben: 'schwere Lasten tragen müssen'

Aphorismen

Liebe das eine Gute, in dem alle Guten sind - es genügt!
Begehre das einfache Gute, das alle Guten sind - und es ist genug!

모든 선(善)이 그 안에 다 들어있는 한 개의 선(善)을 사랑하라
- 그것이면 충분하다!
모든 선이기도 한 그 단순한 선(善)을 갈망하라 - 그것이면 족하다!
(Anselm von Canterbury(1962): "Proslogion", 127쪽)

3

Der Weg zum ewigen Glück

<진정으로 바라는 것>

소란스럽고 바쁜 일상 속에서도 침묵 안에 평화가 있다는 사실을 기억하십시오.

포기하지 말고 가능한 모든 사람들과 잘 지내도록 하십시오. 조용하면서도 분명하게 진실을 말하고, 어리석고 무지한 사람들의 말에도 귀를 기울이십시오. 그들 역시 할 이야기가 있을 테니까요.

목소리가 크고 공격적인 사람들을 피하십시오. 그들은 영혼을 괴롭힙니다.

자신을 다른 사람과 비교하면 자신이 하찮아 보이고 비참한 마음이 들 수도 있습니다. 더 위대하거나 더 못한 사람은 언제나 있기 마련입니다.

당신이 계획한 것뿐만 아니라 당신이 이루어 낸 것들을 보며 즐거워하십시오. 아무리 보잘것없더라도 당신이 하는 일에 온 마음을 쏟으십시오. 그것이야말로 변할 수밖에 없는 시간의 운명 안에서 진실로 소유할 수 있는 것이기 때문입니다.

사업상의 일에도 주의를 쏟으십시오. 세상은 속임수로 가득하기 때문입니다.

그러나 세상에 미덕이 있다는 것을 모르고 지나치지는 마십시오. 많은 사람들이 높은 이상을 위해 애쓰고 있고, 삶은 영웅적인 행위로 가득 차 있기 때문입니다.

당신 본연의 모습을 찾으십시오. 가식적인 모습이 되지 마십시오. 사랑에 대해서 냉소적이 되지 마십시오. 아무리 무미건조하고 꿈이 없는 상태에서도 사랑은 잔디처럼 돋아나기 때문입니다.

나이 든 사람들의 충고는 겸손히 받아들이고, 젊은이들의 생각에는 품위 있게 양보하십시오.

갑작스러운 불행에서 자신을 보호하려면 영혼의 힘을 키워야 합니다. 그러나 쓸데없는 상상으로 스스로를 괴롭히지 마십시오. 많은 두려움은 피로와 외로움에서 생겨납니다. 자신에게 관대해 지도록 노력하십시오.

당신은 나무나 별들과 마찬가지로 우주의 자녀입니다. 당신은 이곳에 머무를 권한이 있습니다. 그리고 당신이 느끼든 느끼지 못하든 우주는 그 나름의 질서대로 펼쳐지고 있습니다.

그러므로 하느님과 평화롭게 지내십시오. 당신이 그분을 어떻게 생각하든, 당신의 노동과 소망이 무엇이든 시끄럽고 혼란한 삶 속에서도 영혼의 평화를 간직하십시오.

서로 속이고, 힘들고, 꿈이 깨어지기도 하지만 그래도 세상은 아름답습니다.
늘 평안하고 행복하려고 애쓰십시오.

글쓴이: 맥스 어만(美國의 시인)

3.1. Freuen Sie sich zu jeder Zeit! Danken Sie für alles!

3.1.1. Freuen Sie sich zu jeder Zeit!

Einführung

<하느님의 영광>

“사람은 하느님의 영광이 되기도 합니다. 왜냐하면 하느님의 영광은 활기 넘치는 사람의 모습 안에서 드러나기 때문이다. 생기 있는 사람은 다른 이들에게 하느님의 영광이 됩니다.”

(요한 바오로 2세(2011): “여러분도 행복하세요”, 50쪽)

<기쁨의 근원>

“우리의 기쁨은 우리 마음 안에 계시는 하느님의 현존으로부터 생겨납니다.”

(요한 바오로 2세(2011): “여러분도 행복하세요”, 276쪽)

<기뻐할 수 있는 능력이 가장 큰 재산이다>

“기쁨이란 어떤 좋은 것을 얻어서 실제로 누리는 즐거운 감정, 또는 어떤 좋은 것을 확실히 얻게 될 것이라는 기대가 생겼을 때 느끼는 유쾌한 마음이다. 이러한 기쁨에는 자연적인 것과 정신적인 것, 두 가지가 있다. ‘자연적 기쁨’은 영혼이 실망을 맛보기 이전의 젊음의 기쁨, 음식이 입에 맞고 맛있을 때의 건강의 기쁨, 전쟁에서 이겼을 때의 승리의 기쁨, 사랑을 받을 때의 사랑의 기쁨 등이다. 이 모든 자연적 기쁨은 정신적 기쁨으로 한층 강화되고, 좀 더 오래 지속될 수 있는 근거를 얻는다. 지상의 어떠한 행복도 떳떳한 양심을 동반하지 않으면 결코 완전하거나 영속적일 수 없다. ‘정신적 기쁨’이란 폭풍우가 몰아쳐도 산이 끄떡도 하지 않는 것처럼, 인생의 거친 파도 속에서도 유지되는 정신의 고요함이다. 신 안에 영혼의 뿌리를 내리지 못한 사람에게는 모든 시련이 과장되게 보일 뿐이다. 그런 사람은 수많은 문제와 씨름하고 있기 때문에, 한 가지에 온 힘을 쏟을 수가 없다. 기쁨은 경솔함과 다르다. 경솔함은 행동이고, 기쁨은 습관이다. 흥겨움은 잠깐 빛났다가 금방 사라지는 혜성과 같고, 기쁨은 변함없이 반짝이는 별과 같다. 흥겨움은 시끄러운 소리를 내며 빠르게 타들어가는 가시덤불과 같고, 기쁨은 조용히 오래 지속되는 모닥불과 같다. 훨씬

오래도록 지속되기 때문에 기쁨은 힘든 일도 쉽게 만든다. 하루 종일 행군하고 난 군인들이 그렇게 민첩하게 움직이는 것도 행진곡에 맞추어 행군했기 때문이다. 즐거운 마음이라면, 멍에나 무거운 짐도 가볍게 짊어지는 것이다.

(풀턴 J. 신(2005): "행복에 이르는 길", 24-27쪽)

<유머와 농담>

"어느 영국 시인이 말하기를,
악마가 제일 싫어하는 것은 '기쁨'이고,
그 다음에 싫어하는 것은 '좋은 유머'라고 합니다.
유머도 사람을 기쁘게 하기 때문입니다.

그 다음은 '농담'인데, 이는 반반이라고 합니다.
왜냐하면, 농담은 사람이 기쁠 수도 있지만,
사람을 해칠 수도 있기 때문입니다.

악마가 제일 좋아하는 것은 '경솔한 언행'으로
남을 비꼬고 야유함으로써 사람을 웃길 수는 있으나,
언제나 남에게 상처를 주는 것이기 때문에 좋아합니다.

이렇게 기쁨은 악마가 제일 싫어하는 것이기에
하느님이 제일 좋아하는 것이 됩니다.
참으로 하느님은 기쁨의 원천입니다."

(김수환 추기경(2009): "바보가 바보들에게" 1권, 52-53쪽)

"씨를 뿌리면 꽃이 핀다는 사실,
지식을 나누면 다른 사람도 그 지식을 갖게 된다는 사실,
내가 먼저 웃음을 지으면 상대방 역시 미소로 화답해 준다는 사실은 지속적인

정신 수련의 내용이다." (Leo Buscaglia)

"내일 일은 아무도 모른다. 주님만이 아신다. 사람의 앞날은 주님께 속한 것이다. 그 분께서 허락하셔야 건강한 미래가 되고, 행복한 인생이 된다. 언제나 주님께 맡기며 살아야 한다. 그러면 축복이 떠나지 않는다. 깨어 있는 종은 복되다. 주인은 그를 칭찬하며 격려해 줄 것이다. 종이 아니라 가족처럼 생각하며 시중을 들어 줄 것이라 하셨다. 깨어있는 종은 한결같은 신앙인이다. 믿음의 길을 감사하며 살고 있는 사람들이다." (매일미사, 2010년 2월 14일, "말씀의 초대")

Text

Bibel

Freuet euch in dem Herrn allewege, und abermals sage ich: Freuet euch!

주님 안에서 늘 기뻐하라, 거듭 나는 말하노라: 기뻐하라! (필리 4,4)

Wenn man am Abend *auch* weint, am Morgen herrscht wieder Jubel.

저녁에 울지라도, 아침에는 다시 환호하게 되리라. (시편 30,6)

*

wenn .... *auch*: '....일지라도'

Kein Reichtum geht über den Reichtum gesunder Glieder, kein Gut über die Freude des Herzens.

어떤 부도 건강한 신체의 부를 능가하지 않으며, 어떤 재산도 마음의 기쁨을 능가하지 않는다. (집회 30,16)

Herzensfreude ist Leben für den Menschen, Frohsinn verlängert ihm die Tage.

마음의 기쁨은 인간을 위한 생명이요, 삶을 연장시킨다. (집회 30,22)

Ich will dir danken, Herr, aus ganzem Herzen, verkünden will ich all deine Wunder.

Ich will jauchzen und *an dir mich freuen*, für dich, du Höchster, will ich singen und spielen.

주님, 제 마음 다하여 당신께 감사드리며, 당신의 기적들을 모두 알리겠습니다.

지극히 높으신 분이시여, 저는 환호하고 당신에게서 기쁨을 가질 것이며, 당신을 위하여 노래하고 연주하고자 합니다. (시편 9,2-3)

*

an jm./etw.[3] *sich freuen*: 'an jm./etw.[3] Freude haben'

Aphorismen

Wer sich heute *freuen* kann, *der warte* nicht bis morgen. (Heinrich Pestalozzi)

오늘 기뻐할 수 있는 사람은 내일까지 기다리지 마라.

*———————————————————————————————

sich freuen: '기뻐하다'

der: 앞의 부문장의 주어 *Wer*와 같은 주격이므로 생략해도 되지만, 강조하기 위해서 한 번 더 왔다.

warte: '접속법 1식'으로 3인칭 단수에 대한 명령을 나타낸다.

Der edle Mensch findet Freude in sich selbst, während der Gemeine sich nur freut, wenn er von anderen anerkannt wird. (Konfuzius, 551-470 v. Ch)

비천한 인간은 다른 사람들에 의해 인정받을 때에만 기뻐하는 반면에, 고귀한 인간은 자기 자신 안에서 기쁨을 발견한다.

Wer *einen Menschen* wieder *zum Lachen bringt,* öffnet ihm das Himmelreich. (Jürgen Moltmann)

한 사람을 다시 웃게 만드는 사람은 그 사람에게 하늘나라를 열어주는 것이다.

*———————————————————————————————

jn. zum Lachen bringen: '누구를 웃기다'라는 의미로서, '야기'를 나타내는 '기능동사구문'(Funktionsverbgefüge)이다. (김경욱(1997): "대학 독일어작문", 104-115쪽 참조)

Am meisten schenkt, wer Freude schenkt. (Mutter Teresa)

기쁨을 선물하는 사람이 가장 많이 선물하는 사람이다.

Das Lächeln, das du aussendest, kehrt zu dir zurück als Glück. (Indische Weisheit)

네가 보내는 웃음은 너에게 행복으로 돌아온다.

Haltet Euch stets *gegenwärtig, dass die einzige Art, glücklich zu werden, nicht die ist, Dank zu erwarten, sondern dass sie in der Freude liegt, um des Gebens willen zu geben*! (Dale Carnegie, 1835-1919)

너희들이 행복해질 수 있는 유일한 방법은 다른 사람으로부터 감사하기를 기대하는 것이 아니라, 주기 위해서 주는 기쁨 속에 있다는 사실을 항상 명심하여라!

*

sich[3] *etw.*[4] *gegenwärtig halten*: '무엇을 명심하다'

Ein freundlicher Blick und ein Lächeln bedeuten oft mehr als ein gelungenes Gespräch. (Stefan Wyszynski)

한 번의 부드러운 시선과 미소는 성공적인 대화보다 종종 더 많은 것을 의미한다.

Danke dem Urheber des Lebens für das Vergangene, freue dich am Gegenwärtigen und hoffe auf die Zukunft. (Adalbert Ludwig Balling)

생명의 창조주에게 과거의 일에 대해 감사하라, 현재의 일에 대해 기뻐하라, 그리고 미래에 대해 희망을 가져라.

Durch Freude kommt Friede in die Welt. (Rabbi Nachman von Brasslaw)

기쁨을 통해서 평화가 이 세상에 온다.

Gedichte

<Zeit, um glücklich zu sein>

Guten Tag, mein Lieber,

nimm dir Zeit, um glücklich zu sein!

Du bist ein Wunder, das lebt,

das auf dieser Erde wirklich ist,

Du bist einmalig, einzigartig,

nicht zu verwechseln.

Weißt du das?

<행복하기위한 시간>

좋은 하루, 나의 사랑,

행복해지기 위해 시간을 내어라!

너는 살아있는 경이로움이요,

이 세상에 실제로 존재하는 놀라운 일이다.

너는 한번만 존재하는 유일무이한 존재로서

다른 존재와 혼동될 수 없다.

너는 그 사실을 아느냐?

*

Du bist nicht zu verwechseln: 'Du kannst nicht verwechselt werden'

Warum staunst du nicht,

bewunderst du nicht,

freust du dich nicht

über dich selbst

und über alle anderen um dich?
Ist es dir so selbstverständlich,
findest du nichts dabei,
dass du lebst,
dass du leben darfst,
dass du Zeit bekommst,
um zu singen und zu tanzen,
Zeit, um glücklich zu sein?

왜 너는 너 자신과 네 주위의 모든 타인들에 대해서
놀라지 않는가,
경탄하지 않는가,
기뻐하지 않는가?
네가 살 수 있고,
노래하고 춤출 시간이 있고
행복해질 시간이 있는 것이
너에게는 그렇게 당연한 일인가,
너는 그것이 어떤 특별한 은혜라고 생각하지 않는가?

Warum denn Zeit verlieren
mit sinnlosem Jagen nach Geld?
Warum sich haufenweise Sorgen machen
um Dinge von morgen und übermorgen?
Warum sich zanken, sich anöden,
warum in sinnloser Betriebsamkeit machen
und warum schlafen, wenn die Sonne scheint?
Nimm dir ruhig Zeit, um glücklich zu sein.

Zeit ist keine Schnellstraße
zwischen Wiege und Grab,
sondern Platz zum Parken in der Sonne.

왜 무의미하게 돈을 좇는 것으로
소중한 시간을 낭비하고 있는가?
왜 내일과 모레의 일들 때문에
그렇게 쓸데없는 걱정을 많이 하는가?
왜 서로 싸우고,
왜 서로를 성가시게 하고,
왜 의미 없이 분주하게 돌아다니는가?
왜 태양이 환하게 비추는데도 아직 자고 있는가?
행복하기 위한 시간을 마음 놓고 가져라.

시간이란 요람에서 무덤으로 이르는
고속도로가 아니라,
양지바른 곳에 있는 주차장과 같은 것이라네.

Heute leben!
Heute lächeln!
Heute glücklich sein!
Dein Herz mach frei.
Deine Lebensfreude und dein Glück
brauchen nicht abhängig zu sein
von tausendundeiner Nichtigkeit.

(Phil Bosmans(1976): "Vergiß die Freude nicht!" S. 6-7)

오늘 살아라!

오늘 웃어라!
오늘 행복하라!
너의 가슴을 자유로이 하라.
인생에 대한 너의 기쁨과 너의 행복은
수천가지의 하찮은 일에 좌우될 필요는 없다네.

3.1.2. Danken Sie für alles!

Einführung

“하느님께서는 우리에게 필요한 모든 것을 다 준비하셨고, 이를 기꺼이 내어 주셨습니다. 실상 나에게 주어진 것들, 가족, 재산, 친구, 지금의 모습 등 이루 셀 수 없을 정도로 많습니다. 하지만 우리는 하느님께서 주신 것들은 생각하지 않고 자신에게 없는 것들만 생각하기에 불평과 불만을 지니며 살아가고 있습니다. 서양 속담에 ‘행복은 언제나 감사의 문으로 들어오고, 불평의 문으로 나간다.’라는 말이 있습니다. 그렇듯이 감사하는 마음이 필요합니다. 감사하지 못하기 때문에 주님께서 주신 그 모든 것을 잊어버리고 불평 속에 살아가고 있는 것입니다. 다시금 주님께서 내게 베풀어주신 것을 생각해보고 감사의 기도를 바쳐야하겠습니다.”

(서울주보: 2011년 10월 2일, 2쪽 “욕심의 결과” 고준석 토마스아퀴나스 신부-가톨릭대학교 성심교정 교수-)

<모든 것에 감사하세요>

“인간은 자신에게 닥친 좋은 일뿐만 아니라, 나쁜 일에 대해서도 신에게 감사해야 한다.” (탈무드)

<신의 은총은 언제나 당신 마음 안에서 흐릅니다>

은총에 감사할 줄 모르는 사람에게는 은총이 사라질 위험이 따른다. 그렇지만 은총을 감사히 받아들이는 사람은 은총의 끈에 매여 있다. (이븐 아타 알라)

"감사하는 마음은 행복한 삶을 살아가는 데 있어서 큰 힘이 됩니다. 마냥 삶을 즐기려고만 하는 이는 지금의 행복이 사라질까 봐 두려워합니다. 그리하여 모든 것을 두 손 가득 움켜쥐려고만 합니다. 하지만, 신에게 선물 받은 것을 감사할 줄 아는 사람은 늘 새롭게 감사할 수 있는 대상이 생겨난답니다. 은총을 감사하게 받아들이면 은총은 끝없이 흘러넘치게 됩니다. 하지만 이를 당연한 것으로 받아들이면, 은총은 어느새 흔적도 없이 사라지고맙니다. (...) 감사하는 마음으로 살아가는 사람은 끊임없이 무언가에 감사하게 됩니다. 그런 이의 삶은 풍요롭게 흘러 넘쳐, 강이 되고 바다가 됩니다. 감사하는 마음이 당신의 삶을 은총으로 가득하게 합니다. 흐르는 강물처럼, 주변의 모든 것들을 살아있게 합니다."

(안젤름 그륀: "내안의 기적을 만나라", 62-63쪽)

"우리는 좋은 일뿐만 아니라, 살아오면서 겪은 나쁜 일들도 기억해야 합니다. 감사하는 마음은 생각에서 나옵니다. 실제로 생각한 것을 이해하는 사람만이 감사하는 마음을 가질 수 있습니다. 신에게서 선물 받은 것에 대해 깊이 생각할 때, 우리는 자신의 삶을 진심으로 감사할 수 있게 됩니다. 반면, 자신이 받은 재능을 소중히 생각하지 않는 사람은 감사할 줄도 모릅니다. 그런 사람은 자신의 삶에 대해서 생각해볼 수 있는 작은 시간조차 허락하지 않습니다. 자신에게 일어난 모든 일에 감사할 수 있어야 비로소 생각이 바뀝니다. 어렵고 힘든 상황에 처하면 아무 생각도 떠오르지 않고 괴롭다는 생각만 듭니다. 그 생각들은 우리를 불만스럽게 만들고 불행하다고 느끼게 만듭니다. 감사하는 마음은 이러한 생각을 크게 바꾸어 놓습니다. 나쁜 일 안에서 의미를 찾고, 그 일로 말미암아 자신이 더 강해졌다는 사실을 깨닫게 합니다. 그것이 바로 감사의 힘입니다."

(안젤름 그륀: "내안의 기적을 만나라", 58-59쪽)

조금 기이하다는 생각이 들었지만, 동양의 성인인 부처님께서도 예수님처럼 '감사'를 강조하셨다: "일어나면 항상 감사히 여겨라. 비록 오늘 많은 것을 배우지는 못했을지라도, 조금이라도 뭔가를 배웠지 않는가. 설혹 조금도 배운 것이 없다 할지라도 최소한 아픈 데는 없지 않는가. 혹시 아팠다면, 최소한 죽지는 않았지 않는가.

따라서 항상 모든 것에 대해 감사해야 한다." (부처)

"요즘 적지 않은 사람들이 80 중반이 된 나의 심경을 묻곤 한다. 지금 나는 세상사의 모든 애착을 버리고 가장 낮은 자세가 될 때, 마음이 아주 비워지는 공(空) 상태일 때 가장 편안해진다. 또 지난날의 원한이나 증오가 하나 둘씩 잊혀지고 좋았던 일, 고마웠던 일만 기억에 새로워지고 있다. 한마디로 '모든 것은 은혜였습니다'일 뿐이다."

(정의채 신부님-천주교 몬시뇰-: "소란스러운 세상, 그러나 젊음에서 희망을 본다" 조선일보, 2010년 3월 3일 A33)

Text

Aphorismen

Jeden Tag ein Klagelied weniger
und ein Dankelied mehr.
Das hilft. (Friedrich Bodelschwingh)

매일 탄식의 노래를 하나 적게 부르고,
감사의 노래를 하나 더 많이 불러라.
그것이 도움이 된다.

Nie vom andern Dank erwarten,
aber immer selbst dankbar sein können,
das ist Privileg einer recht gebauten Seele. (Theodor Heuss)

다른 사람으로부터 감사하기를 결코 기대하지 않기,

그러나 스스로는 항상 감사할 수 있기,
그것이 바로 올바로 지어진 영혼의 특권이다.

Reich ist man nicht *durch das, was man besitzt, sondern mehr noch durch das, was man mit Würde zu entbehren weiß.* Und es könnte sein, dass die Menschheit reicher wird, indem sie ärmer wird, dass sie gewinnt, indem sie verliert. (Immanuel Kant)

사람은 소유하는 것으로 부유해지는 것이 아니라, 위엄있게 포기할 줄 아는 것을 통해 더 부유해진다. 그리고 인류는 더 가난해짐으로써 더 부유해질 수 있고, 잃음으로써 얻을 수 있을 것이다.

*————————————————————

지시 대명사 *das*는 관계 대명사 *was*로 받아주어야 된다.

Da wird es hell in einem Menschenleben,
wo man für das Kleinste loben und danken lernt. (Friedrich Bodelschwingh)

가장 작은 것에 대해서도 찬양하고 감사할 줄 알게 되면, 그 사람의 인생이 밝아진다.

*————————————————————

*Da*는 '후방 지시사'(Katapher)로서 관계부사 *wo....*를 미리 가리킨다.

Mit dem Alter wird man weiser,
das heißt: weitsichtiger.
Man *lernt zu entsagen und zu danken.* (Zenta Maurina)

나이가 들어감에 따라 사람들은 더 현명해진다,
그 말은 곧 다음과 같은 의미이다: 더 멀리 보게 된다.
사람들은 또한 체념하고 감사하는 법을 배우게 된다.

*
zu-Inf lernen: '....하는 법을 배우다/....를 할 줄 알게 되다'

Dankbare Menschen sind wie fruchtbare Felder:
Sie geben das Empfangene zehnfach zurück. (August von Koetzebue)

감사하는 사람들은 비옥한 밭과 같다:
그들은 받은 것을 10배로 도로 돌려준다.

Gedichte

<Aufwachen>

Jeden Morgen ein neuer Tag: dafür dankbar sein. Oder hast du vor dem Leben Angst? *Fällt es dir zu schwer*? Gehst du jeden Abend ins Bett mit einem Seufzer der Erleichterung: "Gott sei Dank, wieder ein Tag vorbei"? Vielleicht *langweilst du dich zu Tode*. Vielleicht *kommt dir alles sinnlos vor*? Vielleicht hast du zuviel Wohlstand und bist geistig *daran eingegangen*. Vielleicht sind die vier Räder deines Autos zu deinen wichtigsten Gliedmaßen geworden. Vielleicht hat dir das Fernsehfenster alle gesellige Stimmung gestohlen. Vielleicht *verlangst* du dauernd *nach Vergnügen*. Das wird dich niemals befriedigen.

<잠을 깨어라!>
매일 아침 새로운 하루: 그것에 대해 감사하라. 또는
너는 인생에 대해 불안한가? 너는 사는 것이 너무 힘이 드느냐?
너는 매일 저녁 다음과 같은 안도의 한 숨을 쉬며 잠자리에 드느냐: "아휴 다행이다 또 하루가 지나갔으니"?
아마도 너는 죽도록 지루해하거나, 모든 것이 너에게는 무의미하게 보일 것이다.
아마도 너는 너무 잘 살아서 그로 인해 정신적으로 죽어버렸을지도 모른다.
아마도 네 차의 네 바퀴가 너의 가장 중요한 사지(四肢)로 되어버렸을지도 모른다.
아마도 텔레비전이 너에게서 모든 친밀한 감정을 훔쳐 갔을지도 모른다.
아마도 너는 계속해서 즐거운 일들을 요구하고 있을지도 모른다.
그것은 그러나 결코 너를 만족시킬 수 없을 것이다.

*

Es fällt jm. schwer: '누구에게 힘들게 느껴지다'이고, 반대말은 *Es fällt jm. leicht*이다.
zu Tode sich langweilen: '죽도록 지루해하다'의 동의어는 *zum Sterben langweilig sein*이다.
etw. kommt jm. so vor: '누구에게 어떻게 보이다'
an etw.[3] *eingehen*: 원래 '동물들이 무슨 병으로 인해 죽다'의 의미이지만, '통용어'(Umgangssprache)에서는 '사람들의 죽음'을 표현할 때에도 사용된다: *er ist an dieser Krankheit jämmerlich eingegangen.* (Duden, 10 Bände)

nach etw.[3] *verlangen*: '무엇을 요구하다'

Du bist kein Mensch mehr, wenn du *dich* vom Meinungsdruck *zu einem Wesen umprägen lässt*, das produziert, profitiert und konsumiert. Es blühen keine Blumen mehr für dich. Es spielen keine Kinder mehr für dich. Es lachen keine Menschen mehr. Du bist tot, weil du in deinem Herzen die Liebe sterben lässt. Du suchst das Glück, *wo es niemals zu finden ist*: in Sachen ohne Sinn und ohne Leben, in Dingen, die dich betören, aber nicht ernähren.

Aufwachen! Aufstehen!
Mensch werden!
Morgens geht die Sonne auf,
und nichts merkst du davon.

(Phil Bosmans(1976): "Vergiß die Freude nicht!", S. 50)

여론의 압력으로 인하여 자기 자신을 생산하고, 이익을 얻고, 소비만 하는 그런 존재로 탈바꿈시킨다면, 너는 더 이상 인간이 아니다.
너를 위해서는 더 이상 꽃들도 피지 않는다.
너를 위해서는 더 이상 어떤 아이들도 재롱떨지 않는다.
너를 위해서는 더 이상 아무도 웃지 않는다.
너는 네 마음속에서 사랑을 죽이고 있기 때문에
죽은 사람이나 다름없다. 너는 결코 발견될 수 없는 곳에서,
의미와 생명이 없는 사물들에서, 너를 어리석게 만들지만
이롭지는 않는 물건들에서 행복을 찾고 있다.

잠을 깨어라! 일어나라!
인간이 되어라!
아침에 해가 뜬다,
그런데도 너는 전혀 그것을 알아채지 못한다.

*

sich zu einem Wesen umprägen lassen: '자신을 탈바꿈시키다'
wo es niemals zu finden ist: 'wo es niemals gefunden werden kann'

3.2. Lieben Sie Gott und Ihre Nachbarn! Lieben Sie auch Ihren Lebenspartner!

Einführung

<오직 사랑만>

"오직 사랑만이 좌절을 알지 못합니다. 오로지 사랑만이 영원합니다. 사랑만이 지상에 있는 인간 역사의 일시적이고 세속적인 영역 안에서 영원한 세상을 건설할 수 있습니다." (요한 바오로 2세(2011): 여러분도 행복하세요, 77쪽)

"사랑하며 살면 행복을 만나게 됩니다. 남이 잘되기를 바라는데 행복이 오지 않을 수 없습니다. 그러니 나도 잘되고 남도 잘되기를 바라야 합니다. 모두 함께 주님의 축복을 받는 것이지요. 사랑하는 마음이 없으면 누구나 어리석은 행동을 하게 됩니다." (매일미사:2010년 1월 16일, 104쪽)

Text

Bibel

Daran werden alle erkennen, dass ihr meine Jünger seid: *wenn ihr einander liebt.*

너희가 서로 사랑하면, 모든 사람이 그것을 보고 너희가 내 제자라는 것을 알게 될 것이다. (요한 13,35)

*—————————————————————————————

*Daran*은 *wenn....*를 받는 '후방 지시사'(Katapher)이다.

Liebt einander, wie ich euch geliebt habe; das ist mein Gebot. Niemand liebt seine Freunde mehr als der, der sein Leben für sie hergibt. Ihr seid meine Freunde, wenn ihr tut, was ich euch gebiete.

내가 너희를 사랑한 것처럼, 너희도 서로를 사랑하여라; 그것이 나의 계명이다. 친구들을 위해 자신의 생명을 내놓는 이보다 더 많이 자신의 친구들을 사랑하는 사람은 없다. 내가 명령하는 것을 너희가 실천하면, 너희는 나의 친구들이다.

Ich nenne euch Freunde und nicht mehr Diener. Denn ein Diener weiß nicht, was sein Herr tut; ich aber habe euch alles mitgeteilt, was ich von meinem Vater gehört habe. *Nicht* ihr habt mich erwählt, *sondern* ich habe euch erwählt: Ich habe *euch dazu bestimmt*, *zu gehen und Frucht zu tragen* – Frucht, die *Bestand hat*.

나는 너희를 친구들이라고 부르지, 더 이상 하인들이라고 부르지 않는다. 왜냐하면 하인은 주인이 무엇을 하는지 모르기 때문이다; 그러나 나는 내가 나의 아버지로부터 들은 모든 것을 너희에게 알려주었다. 너희가 나를 선택한 것이 아니라, 내가 너희를 선택했다: 내가 너희가 가도록 그리고 언제까지나 남아 있을 열매를 맺도록 결정했다.

*―――――――――――――――――――――――――――――――――――――――

nicht .... sondern: '...이 아니고 ....이다'
bestimmen 6.: 'zu etw. veranlassen, drängen, bewegen': *jmdn. zum Nachgeben, zu einem Vergleich, zum Bleiben b.; sich zu einer Reise b. lassen* (Duden, 10 Bände): '전치사 보충어'의 전치사 *zu*로 인해 '상관사'(Korrelat) *dazu* 가 오게 되었음.
Bestand haben: '항상 지속되다'

Wenn ihr dann den Vater in meinem Namen um etwas bittet, wird er *es* euch geben, *was immer es auch sei*. Einander zu lieben – das ist das Gebot, das ich euch gebe.

그래서 너희들이 아버지에게 내 이름으로 청하는 것을, 그것이 무엇이든 상관없이, 아버지께서는 너희에게 주실 것이다. 서로를 사랑하기 - 그것이 내가 너희에게 주는 계명이다. (요한 15,12-17)

*―――――――――――――――――――――――――――――――――――――――

지시대명사 *es* 또는 *das*를 받아줄 수 있는 관계 대명사 주격은 항상 *was* 이다.
*was immer es auch sei*는 '그것이 무엇이든'을 뜻한다.

Seid einander in brüderlicher Liebe *zugetan*, übertrefft euch in gegenseitiger Achtung!

형제애로 서로 깊이 아끼고, 서로 존경하는 일에 먼저 나서십시오.

(로마 12,10)

*―――――――――――――――――――――――――――――――――――――――

jm. zugetan sein: (geh.) '누구를 진심으로 좋아하다'

Wenn jemand spricht: Ich liebe Gott, und hasst seinen Bruder, der ist ein Lügner. Denn wer seinen Bruder nicht liebt, den er sieht, wie kann er Gott lieben, den er nicht sieht?

"나는 하느님을 사랑한다."고 하면서 자기 형제를 미워는 사람이 있다면, 그는 거짓말쟁이다. 왜냐하면 눈에 보이는 자기 형제를 사랑하지 않는 사람이 어떻게 눈에 보이지 않는 하느님을 사랑할 수 있겠는가? (1요한 4,20)

Wir wissen, dass wir aus dem Tod in das Leben
gekommen sind; denn wir lieben die Brüder.
Wer nicht liebt, der bleibt im Tod.

우리는 형제들을 사랑하기 때문에, 우리가 죽음에서 삶으로 왔다는 것을 안다.
사랑하지 않는 자는 죽음 속에 그대로 머물러 있는 것이나 다름없다.
(1요한 3,14)

Er antwortete ihm: Du sollst den Herrn, deinen Gott lieben, mit ganzem Herzen, mit ganzer Seele und mit all deinen Gedanken. Das ist das wichtigste und erste Gebot. Ebenso wichtig ist das zweite: Du sollst deinen Nächsten lieben wie dich selbst.

예수님께서 그에게 말씀하셨다: "네 마음을 다하고, 네 영혼을 다하고, 네 생각을 다하여 주님, 너의 하느님을 사랑해야 한다." 이것이 가장 중요한 첫째 계명이다. 둘째 계명도 마찬가지로 중요하다: "네 이웃을 너 자신처럼 사랑해야 한다."
(마태 22,37-39)

Laßt uns nicht müde werden, das Gute zu tun; denn wenn wir *darin nicht nachlassen*, werden wir ernten, sobald *die Zeit dafür* gekommen ist. Deshalb wollen wir, solange wir noch Zeit haben, allen Menschen Gutes tun, besonders aber denen, die *mit uns im Glauben verbunden sind.*

지치지 말고 계속 좋은 일을 하자; 우리가 좋은 일을 계속 많이 하면, 때가 오면 결실을 거두게 될 것이기 때문이다. 그러므로 우리에게 시간이 허락하는 한 모든 사람에게, 특히 우리와 믿음으로 결합된 사람들에게 선을 행하고자 한다.

(갈라 6, 9-10)

*

in etw.[3] *nachlassen*: '....에서 더 적어지거나 약해지다'; *darin*은 'das Gute zu tun'(좋은 일을 하는 것에서)라는 의미이다.
die Zeit dafür: 'die Zeit für die Ernte'
mit jm. in etw.[3] *verbunden sein*: '누구와 ....에서 결합되어 있다'

Denkt daran: *Wer kärglich sät, wird auch kärglich ernten*; *wer reichlich sät, wird reichlich ernten.* Jeder gebe, wie er *es sich in seinem Herzen vorgenommen hat,* nicht verdrossen und nicht unter Zwang; denn Gott liebt einen fröhlichen Geber.

다음을 기억하라: 적게 뿌리는 이는 적게 거두어들이고, 많이 뿌리는 이는 많이 거두어들일 것이다. 저마다 마음속으로 결정한대로 주어야지, 마지못해 주거나 억지로 주어서는 안 된다; 왜냐하면 하느님께서는 기쁘게 주는 이를 사랑하시기 때문이다.

(2코린 9,6-7)

*

an etw.[4] *denken*: '....을 생각하다/기억하다'
daran: '후방 지시사'(Katapher)로서 ':' 다음에 오는 내용을 가리킨다.

sich[3] *etw.*[4] *in seinem Herzen vornehmen*: '....을 마음속으로 결심하다'

Amen, ich sage euch: *Was ihr für einen meiner geringsten Brüder getan habt*, das habt ihr *mir* getan.

나는 너희에게 진실로 말한다: 너희가 내 형제들 중 가장 하찮은 이에게 해 준 것이 바로 나에게 해 준 것이다.

(마태 25,40)

*

Was ihr für einen meiner geringsten Brüder getan habt: *Was*는 '선행사가 없는 4격 보충어로서 사물'을 나타낸다.
mir: '이익의 3격'으로서 'für mich'를 뜻한다.

Selig sind die Barmherzigen, denn sie werden
Barmherzigkeit erlangen.

자비로운 이들은 복 되도다.
왜냐하면 그들은 자비를 얻게 될 것이기 때문이다. (마태 5,7)

<Erfüllung des Gebotes der Nächstenliebe>

»Ihr wisst, dass es heißt: ›Du sollst deine Mitmenschen lieben, und du sollst deine Feinde hassen.‹ Ich aber sage euch: Liebt eure Feinde, und betet für die, die euch verfolgen. Damit *erweist* ihr *euch als Söhne eures Vaters* im Himmel. Denn er lässt seine Sonne über Bösen und Guten aufgehen und lässt es regnen für Gerechte und Ungerechte.

<이웃 사랑의 계명의 실천>

그때 예수님께서 제자들에게 말씀하셨다.

"네 이웃을 사랑해야 한다. 그리고 네 원수는 미워해야 한다."고 이르신 말씀을 너희는 알고 있다. 그러나 나는 너희에게 말한다: "너희는 너희들의 적을 사랑하여라. 그리고 너희를 박해하는 자들을 위하여 기도하여라. 그래야만 너희가 하늘에 계신 너희 아버지의 자녀임을 증명하게 되는 것이다. 왜냐하면 그분께서는 악인에게나 선인에게나 당신의 해가 떠오르게 하시고, 정의로운 이에게나 불의한 이에게나 비를 내려 주신다.

*

sich als Söhne eures Vaters erweisen: '자신이 하느님 아버지의 아들이라는 것을 증명하다'

Wenn ihr nur die liebt, die euch Liebe erweisen, was für einen Lohn habt ihr dafür zu erwarten? Tun das nicht sogar Leute wie die Zolleinnehmer? Und wenn ihr nur zu euren Brüdern freundlich seid, was tut ihr damit Besonderes? Tun das nicht sogar die Heiden, die Gott nicht kennen? Ihr aber sollt vollkommen sein, wie euer Vater im Himmel vollkommen ist.«

너희가 자기를 사랑하는 이들만 사랑한다면 무슨 상을 기대할 게 있겠느냐? 그 정도는 세리들마저 하지 않느냐? 그리고 너희가 형제들에게만 친절하다면, 너희가 하는 특별한 일은 무엇이 있겠느냐? 그런 것은 하느님을 모르는 이교도들마저 하지 않느냐? 그러나 너희들은, 하늘에 계신 너희 아버지께서 완전하신 것처럼, 완전한 사람이 되어야 한다."

(마태 5,43-48)

Aphorismen

Gott vergißt diejenigen nicht, die sich selbst vergessen und an andere denken. (Augustinus)

하느님은 자기 자신은 잊고,
다른 이들을 생각하는 사람들을 결코 잊지 않는다.

Es gibt keinen Zugang zur Wahrheit außer durch die Liebe. (Augustinus)

사랑을 통하지 않고서는, 진리로 통하는 길은 없다.

Versuche jeden Tag neu, *die Menschen gern zu haben,* die um dich herum sind. (Phil Bosmans)

네 주위에 있는 사람들을 좋아하도록 매일 새롭게 노력하라.

*

versuchen, zu Inf.: '....하도록 노력하다'
jn. gern haben: '누구를 좋아하다'

Ich glaube, dass die Menschen *einander* immer *nötig haben*. (Bruno Gay-Lussac)

나는 사람들이 서로를 항상 필요로 한다고 믿는다.

*

jn. nötig haben: '누구를 필요로 하다'

Ein wenig Liebe von Mensch zu Mensch ist besser als alle Liebe zur Menschheit. (Richard Dehmel)

이웃을 향한 작은 사랑이 모든 인류에 대한 사랑보다 낫다.

Selig jene, die den kurzen Augenblick des Lebens nützen, um Erbarmen zu üben. (Vinzenz von Paul)

인생의 짧은 순간을 자비를 베풀기 위해 쓰는 사람들은 복되도다.

Glück ist Liebe, nichts anderes.
Wer lieben kann, ist glücklich. (Hermann Hesse)

행복은 사랑이지, 다른 어떤 것도 아니다.
사랑할 수 있는 사람은 행복하다.

Den Dingen, mit denen du durch das Schicksal verkettet bist,
denen passe dich an. Und die Menschen, mit denen dich
das Geschick zusammen gestellt
hat, *die habe lieb*, aber von Herzen! (Marc Aurel)

네가 운명을 통해 인연을 맺은 사물들과 조화를 이루어라.
그리고 운명이 함께 있게 한 그 사람들을 사랑하라, 그것도 진심으로!

*

etw.[3] *sich anpassen*: '무엇에 적응하다/무엇과 조화를 이루다'
jn. liebhaben: '누구를 사랑하다'

Damit die Welt eine andere werde, dazu ist es nötig, dass die Menschen selber *einen neuen Seelenpfad einschlagen*. Bevor aber nicht ein jeder von uns in Wahrheit zu einem neuen Bruder wird für einen jeden, wird kein Brudertum herrschen unter den Menschen. (Fjodor M. Dostojewskij)

세계가 달라지기 위해서는, 사람들 스스로가 자신의 영혼을 새롭게 각성시킬 필요가 있다. 우리들 각자가 이웃을 위해 진실로 새로운 형제가 되기 전에는, 사람들 사이에는 어떤 형제애도 더 이상 남아 있지 않을 것이다.

*———

einen neuen Seelenpfad einschlagen: '새로운 영혼의 길로 들어서다'

Unser Leben wird vergehen. Aber was bleiben wird, sind die Früchte unseres Lebens. Und Frucht bringt unser Leben, wenn wir geben und schenken. (Bernhard Caspar)

우리 인생은 사라질 것이다. 그러나 우리 인생의 열매들은 남게 될 것이다. 그리고 우리의 인생은 우리가 베풀고 선물하면 열매를 맺는다.

*———

Frucht: 동사 *bringen*의 '4격 보충어'이지만, '테마'로 강조하기 위해서 문두에 두었다.

Das Licht ist in die Welt gekommen. Jeder muss sich entscheiden, ob er im Licht der Nächstenliebe oder im Dunkel der Eigensucht wandeln will. Danach werden wir beurteilt.

Die wichtigste und dringlichste Frage lautet

daher: Was hast du für andere getan? (Martin Luther King)

빛이 세상으로 왔다. 우리는 각자
이웃사랑의 빛 속에서 살아갈지
이기주의의 어둠 속에서 살아갈지 결정해야 한다.
그것에 따라서 우리는 평가를 받는다.
가장 중요하고 긴급한 질문은
그러므로 다음과 같다: "너는 다른 사람들을 위해서 무엇을 했는가?"

Gedichte

Ach Herr, lass du mich trachten:
nicht dass ich getröstet werde,
sondern dass ich andere tröste;
nicht dass ich verstanden werde,
sondern dass ich andere verstehe;
nicht dass ich geliebt werde,
sondern dass ich andere liebe. (Franz von Assisi의 시로 추측됨)

아, 주님, 저로 하여금 다음과 같이 노력하게 하십시오:
제가 위로받는 대신,
다른 사람들을 위로하도록;
제가 이해받는 대신,
다른 사람들을 이해하도록;
제가 사랑받는 대신,
다른 사람들을 사랑하도록.

"Mein Honig und Blütenstaub gehören
mir und keinem anderen!" sagte die Blume
und ließ weder Biene noch Schmetterling
naschen. Darum *welkte* sie ziel- und zwecklos
dahin und starb ohne Frucht und Samen. (Rudolf Kirsten)

"나의 꿀과 꽃가루는 내 것이지
다른 누구의 것도 아니다!" 라고 그 꽃이 말하고서
벌도 나비도 먹지 못하게 했다.
그래서 그 꽃은 아무 목표도 없이
시들어서 열매도 씨앗도 없이 죽어버렸다.

*

dahin welken: '시들어버리다'

3.3. Tun Sie ständig Buße! Beten Sie ohne Unterlass! Tun Sie stets wertvolle Arbeiten!

Einführung

<기도의 스승>

"마리아님은 우리에게 기도하는 법을 가르치십니다! 기도는 우리의 욕구를 충족하기 위해 하는 것이 아닙니다. 기도는 주님께 우리를 맡기는 것이고, 우리 안에서 그분이 기도하시도록 그분을 가만히 모시는 것입니다."

(요한 바오로 2세(2011): "여러분도 행복하세요" 68쪽)

<기도하기 힘들 때>

"기도하기 힘들 때에도 계속해서 기도하는 것이 가장 중요합니다. 예수님의 삶과 가르침을 묵상하십시오. 하느님에게서 영감을 받은 말씀 안에서, 여러분은 필요한 영적 양식들을 발견하게 될 것입니다."

(요한 바오로 2세(2011): "여러분도 행복하세요", 108쪽)

<회개한다는 것>

"회개한다는 것은 우리와 그리스도, 우리와 그분의 은총 사이에 놓인 장애물들을 제거하는 것입니다. 그리고 우리 안에 그분의 삶을 정착시키는 것입니다. 회개는 새로운 사고방식을 갖는 것입니다."

(요한 바오로 2세(2011): "여러분도 행복하세요", 109쪽)

<기도하는 즐거움>

"사람이 24시간 중 일정한 시간 기도를 드리는 것은 극히 좋은 일입니다. 그것은 비단 가톨릭 신자만이 아니라 신앙을 갖지 않은 사람도 마찬가지입니다. 사실 믿음은 반드시 기도하는 마음속에서 찾아지는 것이기 때문에 우리의 삶 그 자체가 기도가 되어야 합니다. 현대를 사는 사람들에게는 허탈감이 밀물처럼 올 때가 많습니다. 서울 한복판을 걷고 있자면, 밀려드는 자동차의 홍수와 빽빽이 들어선 고층 빌딩, 무수한 인파로 해서 설 자리를 잃었다고 생각하게 될 것입니다. 그런 상황에서 사람들은 자신이 어디로 가는 것도 모르는 채 방황하게 되는 것이 아닐까요. 바로 이럴 때에 기도가 필요합니다. 믿지 않는 사람들에게는 반드시 기도가 아니더라도, 자신의 육신이 자신의 마음과 마주 앉아보자는 것입니다. 과연 무엇이 소중한가를 음미하는 명상이 바로 기도로 통하는 것입니다. 교회에 관계없이 초월하는 자세로 명상할 때 빛을 구할 수 있는 것이고, 또 내적으로 풍요를 누릴 수 있습니다."

(김수환 추기경: "바보가 바보들에게" 2권, 26-27쪽)

"어느 날 교황 요한 23세가 보이지 않았습니다. 비서가 방이란 방은 다 찾아보았지만 찾을 수 없었습니다. 그러다가 작은 기도실에 앉아 있는 교황을 발견했습니다.

비서 신부가 교황에게 기도실에서 그렇게 오랜 시간 무엇을 했냐고 묻자 교황이 대답했습니다. '거기 그냥 앉아서 말했지. 당신은 여기 계시고 저도 여기 있습니다!' 비서가 물었습니다. '다른 기도는 안 하셨습니까?' 교황이 대답했습니다. '다른 말은 한 마디도 안 했네!'

교황님은 기도를 통해 하느님과 하나가 되는 하느님의 사람이 되며, 신자들인 우리들도 기도를 통해 하느님의 사람이 되기를 원하십니다. 현 교황인 베네딕토 16세께서도 다음과 같이 말씀하신 적이 있습니다. '성 아우구스티노가 말했듯이, 하느님께서는 항상 우리와 함께 계시지만 우리는 항상 그분과 함께 있지는 않습니다. 기도 가운데 우리의 존재를 그분께 열면서 그분의 현재를 받아들일 때 비로소 하느님께서는 실제로 우리를 위해 행동하실 것입니다.'"

(서울주보 2010년 6월 27일 2쪽 "당신은 여기 계시고 저도 여기 있습니다": 신희준 루도비코 신부, 사제평생교육원)

Text

Bibel

Vater, wenn du willst, nimm diesen Kelch von mir! Aber nicht mein, sondern dein Wille soll geschehen. Da erschien ihm ein Engel vom Himmel und gab ihm (neue) Kraft. Und er betete in seiner Angst noch inständiger, und sein Schweiß war wie Blut, das auf die Erde tropfte. Nach dem Gebet stand er auf, ging zu den Jüngern zurück und fand sie schlafend; denn sie waren *vor Kummer* erschöpft. Da sagte er zu ihnen: Wie könnt ihr schlafen? *Steht auf* und betet, damit ihr nicht *in Versuchung geratet*.

"아버지, 아버지께서 원하시면 이 잔을 저에게서 거두어 주십시오! 그러나 제 뜻이 아니라 아버지의 뜻이 이루어지게 하소서." 그때 천사가 하늘에서 나타나 그분의 기운을 북돋아 드렸다. 예수님께서 불안에 싸여 더욱 간절히 기도하시니, 땀이 핏방울처럼 되어 땅에 떨어졌다. 그리고 기도 후에 일어나시어 제자들에게 돌아와서 보니, 제자들은 잠들어 있었다; 왜냐하면 제자들은 걱정 때문에 지쳐 있었기 때문이다. 그 때 그는 그들에게 이르셨다: "너희는 어떻게 자고 있을 수 있느냐? 너희가 유혹에 빠지지 않도록, 일어나서 기도하여라" (루카 22,42-46)

*———

vor Kummer: '걱정 때문에'
aufstehen: 첫째 '일어서다', 둘째 '잠이 깨다', 셋째 '봉기하다'의 의미변이체를 갖고 있지만, 여기에서는 둘째 '잠이 깨다'의 의미이다. (김경욱(2011): "A-Z 독일어 문장연습", 64f. 참조)
in Versuchung geratetn: '유혹에 빠지다'

Du aber geh in deine Kammer, wenn du betest, und schließ die Tür zu; dann bete zu deinem Vater, der im Verborgenen ist. *Dein Vater,* der auch das Verborgene sieht, *wird es dir vegelten.*

기도할 때 너의 방에 들어가 문을 닫아라; 그리고 숨어계신 네 아버지께 기도하여라. 그러면 숨겨진 일도 보시는 네 아버지께서 너에게 보답할 것이다. (마태 6,6)

*———

jm. etw.[4] *vergelten*: '누구에게 무엇을 보답하다'; '4격 대명사'가 '3격 대명사'와 함께 오면, '4격 대명사'가 '3격 대명사'보다 앞에 오기 때문에 *Dein Vater wird es dir vegelten*의 어순이 된다.

Es ist ein köstlich Ding, geduldig sein und auf die Hilfe des Herrn hoffen.

참을성 있게 주님의 도움을 바라는 일은 소중한 일이다. (애가 3,26)

Aber die Stunde kommt, und sie ist schon da, zu der die wahren Beter *den Vater anbeten* werden im Geist und in der Wahrheit; denn so will der Vater angebetet werden. Gott ist Geist, und alle, dir ihn anbeten, müssen im Geist und in der Wahrheit anbeten.

그러나 진실한 예배자들이 영(靈)과 진리 안에서 아버지께 예배를 드릴 때가 온다. 그 시간이 바로 지금이다; 왜냐하면 아버지께서는 그런 방식으로 예배를 받기를 원하시기 때문이다. 하느님은 영이시다. 그러므로 그분께 예배를 드리는 모든 사람은 영과 진리 안에서 예배를 드려야 한다. (요한 4,23-24)

*

den Vater anbeten: '아버지를 경배하다'

Jesus spricht: Bittet, so wird euch gegeben; suchet, so werdet ihr finden; klopfet an, so wird euch aufgetan. Denn wer da bittet, der empfängt; und wer da sucht, der findet; und wer da anklopft, dem wird aufgetan.

예수님은 말한다: "청하여라, 그러면 너희는 받을 것이다; 찾아라, 그러면 너희가 발견할 것이다; 문을 두드려라, 그러면 너희에게 문이 열릴 것이다. 왜냐하면 누구든지 청하는 이는 받고, 찾는 이는 발견하고, 두드리는 이에게는 열릴 것이기 때문이다." (루카 11,9-10)

Heile mich, Herr, so bin ich heil, hilf mir, so ist mir geholfen; ja, mein Lobpreis bist du.

주님, 저를 낫게 해 주소서, 그러면 제가 곧 나으리이다.
저를 도와주소서. 그러면 제가 구원받으리이다.
당신은 제 찬양을 받으실 분이십니다. (예레 17,14)

Wenn ich *dich anrufe*, so erhörst du mich und gibst meiner Seele große Kraft.

제가 당신에게 간청하면, 당신은 내 소원을 들어주고,
제 영혼에 놀랄만한 힘을 주십니다. (시편, 138,3)

*

*jn. um Gnade/Hilfe anrufen*은 '누구에게 은총/도움을 간청하다'를 뜻한다. *um Gnade/Hilfe*가 생략된 걸로 볼 수 있다.

Ein guter Mensch *bringt Gutes hervor*, weil in seinem Herzen Gutes ist.

선한 사람은, 가슴 속에 선함이 있기 때문에, 선을 만들어 낸다. (루카 6,45)

*

*hervorbringen*은 '산출하다'의 의미이므로, 4격 보충어'로는 논항 'Resultat'(행위의 결과)가 온다. (김경욱: "독일어 Valenz 문법", 77-78쪽)

Aphorismen

Wenn du die Heilige Schrift liest, spricht Gott zu dir.
Wenn du betest, sprichst du zu Gott. (Augustinus)
네가 성경을 읽으면, 하느님이 너에게 말하고,

네가 기도하면, 네가 하느님에게 말한다.

Schmerzen des Körpers oder Angst der Seele *treiben uns zum Gebet*, wie die Wellen ein Wrack ans Ufer treiben. Der große Zufluchtshafen des Himmels ist das Gebet. (Charles Haddon Spurgeon)

파도가 한 난파선을 해안가의 언덕으로 몰고 가듯이, 육체의 고통들과 영혼의 불안이 우리를 기도로 몰고 간다. 하늘나라의 위대한 피난항구가 기도이다.

*———

uns zum Gebet treiben: '우리로 하여금 기도하게 하다'

Auch das kürzeste Gebet reicht bis zum Himmel. (Irmgard Erath)

가장 짧은 기도도 하늘에 도달한다.

Gott geht zu dem, der zu ihm kommt. (Russisches Sprichwort)

하느님은 그에게 다가가는 자에게 오신다.

Beten heißt nicht: viel reden, sondern viel lieben. (Theresia von Lisieux)

기도란 많이 말하는 것이 아니라, 많이 사랑하는 것이다.

Gott kann das dunkle Gestern in ein helles Morgen verwandeln. (Martin Luther King)

하느님은 어두운 어제를 밝은 내일로 변화시킬 수 있다.

Das Leben, das mir verbleibt, soll nichts als eine gelassen-heitere Vorbereitung auf den Tod sein. Ich nehme ihn an und erwarte ihn im Glauben und Vertrauen. Vertrauen nicht in mich selbst, denn ich bin ein armer Sünder, aber in die unendliche Barmherzigkeit des Herrn.

나에게 남아있는 인생은 죽음에 대한 침착하고 명랑한 준비 외에 다른 어떤 것이어서도 아니 될 것이다. 나는 죽음을 받아들이고, 죽음을 믿음과 신뢰 속에서 기다린다. 이 신뢰는 나 자신에 대한 신뢰가 아니라, 나는 불쌍한 죄인에 불과하기 때문에, 주님의 영원한 자비에 대한 신뢰이다. (교황 요한 23세)

Von Sören Kierkegaard, dem dänischen Theologen und Philosophen, wird berichtet: Als sein Gebet immer andächtiger wurde, da hatte er immer weniger zu sagen. Zuletzt wurde er ganz still. Er wurde-was womöglich ein noch größerer Gegensatz zum Reden ist-ein Hörer. Er meinte erst, “Beten sei Reden”; er lernte aber, dass Beten nicht bloß Schweigen ist, sondern Hören. Beten heißt still werden und harren, bis der Betende Gott hört. (Sören Kierkegaard)

덴마크의 신학자이자 철학자인 죄렌 키에르케고르에 관해 다음과 같이 보고된다: 그의 기도가 점점 더 경건해지자, 그는 점점 말수를 줄여야 했다. 그는 마침내 아주 조용해졌다. 그는 - 그것은 아마 말하기의 정반대일 것이다 - 듣는 사람이 되었다. 그는 처음에는 “기도하기는 말하기다”라고 생각했다; 그러나 그는 “기도하기란 침묵하기일 뿐만 아니라, 듣기라는 것”을 알게 되었다. “기도란 조용해져서, 기도하는 사람이 하느님의 말씀을 들을 때까지 기다리는 것이다.”

Man kann sagen, dass in jedem selbstbewussten Gebet ein Engel auf uns wartet, weil jedes Gebet den Beter verändert, ihn stärkt, indem es ihn sammelt und zu äußerster Aufmerksamkeit bringt. (Dorothee Sölle)

모든 자각이 있는 기도 안에서는 한 천사가 우리를 기다리고 있다고 말할 수 있다. 왜냐하면 모든 기도는 기도하는 이의 정신을 집중시키고 극도로 주의를 기울이도록 하여 그를 변화시키고 강하게 하기 때문이다.

Gedichte

Beten ist so notwendig wie atmen.
Wir sagen niemals, wir haben
keine Zeit zu atmen. (SUNDAR SINGH)

기도는 숨쉬기처럼 그렇게 필수적이다.
우리는 숨 쉴 시간이 없다고는 결코 말하지 않는다.

<Das tägliche Gebet>
Ich will bei der Wahrheit bleiben.
Ich will mich keiner Ungerechtigkeit beugen.
Ich will frei sein von Furcht.
Ich will keine Gewalt anwenden.
Ich will guten Willens sein gegen jedermann. (Mahatma Gandhi)

<매일의 기도>
저는 진리를 고수하고자 합니다.
저는 어떤 불의에도 굴복하지 않겠습니다.
저는 어떤 두려움도 갖지 않겠습니다.
저는 어떤 폭력도 사용하지 않겠습니다.

저는 모든 사람을 선의로 대하겠습니다.

Gott, zu dir rufe ich!
In mir ist es finster,
aber bei dir ist das Licht;
ich bin einsam, aber du verlässt mich nicht;
ich bin kleinmütig,
aber bei dir ist die Hilfe;
ich bin unruhig, aber bei dir ist der Friede;
in mir ist Bitterkeit,
aber bei dir ist die Geduld;
ich verstehe deine Wege nicht,
aber du weißt den Weg für mich. (Dietrich Bonhoeffer)

하느님, 당신에게 저는 외칩니다!
제 안은 어둡습니다,
그러나 당신에게는 빛이 있습니다;
저는 외롭습니다, 그러나 당신은 저를 홀로 내버려두지 않습니다;
저는 겁이 많습니다,
그러나 당신에게는 도움이 있습니다;
저는 불안합니다, 그러나 당신 옆에는 평화가 있습니다;
제 안에는 고통이 있습니다,
그러나 당신에게는 인내가 있습니다;
저는 당신의 길을 이해하지 못합니다,
그러나 당신은 저의 길을 알고 있습니다.

O Herr, nimm dieses Herz von Stein

und gib mir ein Herz von Fleisch und Blut,
dich zu lieben und zu verehren,
ein Herz, in dir mich zu freuen,
dich nachzuahmen und
dir zu gefallen *um Christi willen*. (Ambrosius)

오 주님, 돌로 된 이 마음을 가져시고
당신을 사랑하고 존경하는,
살과 피로 된
마음을 저에게 주십시오,
당신 안에서 기뻐하고,
그리스도를 위하여
당신을 따라 살며
당신의 마음에 들고자하는
그 마음을.

---

*

dich nachahmen: '너를 모범으로 삼다'
um Christi willen: *um jmds. willen*은 '누구를 위하여'이다.
*Christi*는 *Christus*의 2격이다.

3.4. Lieben Sie die Natur!

Einführung

"근심이 많고, 외롭고 불행한 사람들을 치료할 수 있는 최고의 비법은 혼자서 조용히 하늘과 자연과 산을 느낄 수 있는 곳을 찾아가는 것이다. 그곳에서만 모든 것이 제대로 돌아가고 있음을 느끼고, 신은 인간이 자연 속에서 행복을 느끼기를 바란다는 것을 알 수 있기 때문이다." ("안네의 일기"를 쓴 안네 프랑크)

"시 한 줄을 장식하는 것이
나의 꿈은 아니다.
내가 월든 호수에 사는 것보다
신과 천국에 더 가까이 갈 수는 없다.
나는 나의 호수의 돌 깔린 기슭이며
그 위를 스쳐가는 산들바람이다.
내 손바닥에는
호수의 물과 모래가 담겨 있으며,
호수의 가장 깊은 곳은
내 생각 드높은 곳에 떠 있다." (헨리 데이빗 소로우(2011): "월든", 5쪽)

"아침은 언제나 나의 생활을 자연 그 자체처럼 소박하고 순결하게 지키라는 초대장과도 같았다. 나는 옛 그리스 사람들처럼 항상 새벽의 여신을 숭상해왔다. 나는 매일 아침 일찍 일어나 호수에서 멱을 감았다. 이것은 하나의 종교적 행사였으며, 내가 행한 최선의 일 중 하나였다. 중국 탕왕의 욕조에는 다음과 같은 말이 새겨져 있었다고 한다. '날마다 그대 자신을 완전히 새롭게 하라. 날이면 날마다 새롭게 하고, 영원히 새롭게 하라.' 나는 그 말에 전적으로 동감한다."

(헨리 데이빗 소로우(2011): "월든", 136쪽)

Text

Aphorismen

Liebet die ganze Schöpfung Gottes,
das ganze Weltall wie jedes Sandkörnchen auf Erden.
Jedes Blättchen, jeden Lichtstrahl Gottes liebet.
Liebet die Tiere, liebet die Gewächse, liebet jegliches Ding.
Erst wenn du jedes Ding lieben wirst,
wird *sich dir* das Geheimnis Gottes in den Dingen *offenbaren.*

(Horst Keil: "Worte in den Tag zu nehmen", Juli 23, Fjodor M. Dostojewskij)

하느님의 모든 창조물을 사랑하라,
이 땅 위의 작은 모래알과 우주전체를 사랑하라.
작은 잎사귀 잎사귀를, 하느님의 모든 빛살을 사랑하라.
동물을 사랑하고, 식물을 사랑하고, 모든 존재를 사랑하라.
모든 존재를 사랑하게 되어야 비로소,
하느님의 비밀이 그 존재들 안에서 너에게 나타날 것이다.

*―――――――――――――――――――――――――

jm. sich offenbaren: '누구에게 드러나다'

In *allem, was die Natur hervorbringt,*
ist *etwas Bewundernswertes.* (Aristoteles)

자연이 가져오는 모든 것에는
경탄할 만한 어떤 것이 있다.

*―――――――――――――――――――――――――

*alles*와 같은 '부정 대명사'(Indefinitpronomen)는 관계 대명사 *was*가 받아주어야 한다. 이 때 관계 대명사 *was*는 동사 *hervorbringen*의 '4격 보충어'이다.

etwas Bewundernswertes: *etwas*는 '대명사'이므로 소문자이고, *Bewundernswertes*는 '형용사의 명사화'이므로 대문자이다.

Eine neue Sintflut schwillt an,
sie *besteht aus Abwässern, Giften, Müllbergen, Landschaftsverwüstungen.* Wir selbst *sind dabei,*
sie uns *zu bereiten* und in ihr *umzukommen* -
wir selbst *sind verpflichtet*, uns und alle anderen
Lebewesen aus ihr *zu erretten.* (Joachim Illies)

새로운 대홍수가 다가오고 있다.
하수와 독극물, 쓰레기더미와 황폐화된 자연이 대홍수를 만들기에 이르렀다.
우리는 그것들을 자초하여 죽음에 직면해 있다.
우리는 우리 자신과 모든 다른 생명체들을 그 대홍수로부터 구해낼 의무가 있다.

*

aus etw.[3] *bestehen*: '...로 이루어져 있다'
dabei sein, zu-Inf: '막 ....할 순간에 직면해 있다'
verpflichtet sein, zu-Inf: '....할 의무가 있다'

3.5. Verhalten Sie sich weise und unterscheiden Sie zwischen Gut und Böse!

Einführung

"속임수와 기만이 가장 건전한 진실로 존중을 받고 있으며, 반면에 진실은 거짓으로 여겨지고 있다. 만일 사람들이 진실만을 똑바로 보고 속임수를 용납하지 않는다면 우리의 삶은 지금과는 달리 동화나 <아라비안나이트>의 이야기처럼 즐거운 것이 될 것이다. 만약 우리가 필연적인 것과 당연히 존재할 권리가 있는 것만을 존중한다면 음악과 시가 거리에 흘러넘칠 것이다. 우리가 서두르지 않고 분별력을 발휘할 때, 오직 위대하고 가치 있는 것들만이 항구적이고 절대적인 가치를 지니고 있다는 것을 깨닫게 될 것이며, 사소한 두려움이나 사소한 쾌락은 참된 현실의 그림자에 지나지 않는다는 것을 알게 될 것이다. 이 숭고한 진리는 항상 우리에게 용기를 준다."

(헨리 데이빗 소로우: "월든", 146-147쪽)

Text

Bibel

So hast du jetzt, Herr, mein Gott, deinen Knecht anstelle meines Vaters David zum König gemacht. Doch ich bin noch sehr jung und weiß nicht, *wie* ich *mich* als König *verhalten* soll. Dein Knecht steht aber mitten in deinem Volk, das du erwählt hast: einem großen Volk, das man wegen seiner Menge nicht zählen und nicht schätzen kann. Verleih daher deinem Knecht ein hörendes Herz, damit er dein Volk zu regieren und das Gute vom Bösen zu unterscheiden versteht. Wer könnte sonst dieses mächtige Volk regieren?

그런데, 주여, 저의 하느님이시여, 당신께서는 제 아버지 다윗대신 당신 종인 저를 임금으로 세우셨습니다만, 저는 어린 아이에 지나지 않아서 왕으로서 어떻게 행동해야할지를 알지 못합니다. 당신의 종은 그러나 당신께서 뽑으신 백성, 그 수가 너무 많아 셀 수도, 헤아릴 수도 없는 당신 백성 한가운데에 서있습니다. 그러니 당신

종에게 듣는 마음을 주시어, 당신 백성을 통치하고 선과 악을 분별할 수 있게 해 주십시오. 그렇지 않으면 어느 누가 이렇게 많은 당신 백성을 통치할 수 있겠습니까?

*

so sich verhalten: '그렇게 행동하다'이고, *sich verhalten*은 '양태'를 나타내는 '부사적 보충어' *so*가 필수적으로 와야 한다.

Es gefiel dem Herrn, dass Salomo diese Bitte aussprach. Daher antwortete ihm Gott: Weil du gerade diese Bitte ausgesprochen hast und nicht um langes Leben, Reichtum oder um den Tod deiner Feinde, sondern *um Einsicht gebeten hast,* um *auf das Recht zu hören,* werde ich deine Bitte erfüllen. Sieh, ich gebe dir ein *so* weises und verständiges Herz, *dass* keiner vor dir war und keiner nach dir kommen wird, der dir gleicht.

솔로몬이 이렇게 청한 것이 주님 마음에 들어서, 하느님께서는 그에게 이렇게 대답하셨다: "네가 오래살기를 청하지도 않고, 부를 청하지도 않고, 네 원수들의 죽음을 청하지도 않고, 그 대신 이처럼 정의를 따르기 위한 통찰력을 청하였으니, 내가 네 소원을 들어주겠다. 보아라, 이제 나는 너에게 아주 지혜롭고 사려 깊은 마음을 주겠다, 그래서 너와 같은 사람은 너 이전에도, 또 너 이후에도 다시없을 것이다.

*

um etw.[4] *bitten*: '....을 요청하다'
auf etw.[4] *hören*: '....을 따르다/....에 복종하다'
so ...., dass : '....하여, 그 결과 ....이다'

Aber auch *das, was du nicht erbeten hast,* will ich dir geben: Reichtum und Ehre, so dass zu deinen Lebzeiten keiner unter den Königen dir gleicht. Wenn du auf meinen Wegen gehst, meine Gesetze und Gebote befolgst wie dein Vater David, dann schenke ich dir ein langes Leben.

나는 네가 청하지 않은 것, 곧 부와 명예도 너에게 주겠다. 네 평생에 너와 같은 왕은 또 다시 나타나지 않을 것이다. 네 아비 다윗이 내 길을 따라 살았듯이, 네가 내 길을 따라 살아 내 법도들과 내 계명들을 지킨다면, 나는 너를 무병장수하게 해 주리라." (열왕기상 3,7-14)

---

das, was du nicht erbeten hast : 지시 대명사 *das*는 관계 대명사 *was*가 받아 주어야 한다. *um etw.*[4] *bitten*은 *etw.*[4] *erbitten*으로 된다.

3.6. Lachen Sie viel!

Text

Bibel

Ein fröhliches Herz tut dem Leib wohl,
ein bedrücktes Gemüt lässt die Glieder verdorren.

즐거운 마음은 몸에 이롭고,
우울한 기분은 온몸에서 기운이 다 빠지게 한다. (잠언, 17-22)

Aphorismen

Ein gesunder Körper ist gerne gepaart mit einer heiteren Seele. (August von Kotzebue)

건강한 육체는 명랑한 영혼과 즐겨 짝이 되고자 한다.

Seelenruhe, Heiterkeit und Zufriedenheit
sind die Grundlagen alles Glücks,
aller Gesundheit und des langen Lebens. (Christian Wilhelm Hufeland)

영혼의 안식, 명랑함과 만족감은 모든 행복과 건강과 장수의 토대이다.

Nichts in der Welt wirkt *so ansteckend wie* Lachen und gute Laune. (Charles Dickens)

세상에 어떤 것도 웃음과 좋은 기분처럼 잘 전염되는 것은 없다.

*————————————————————

so ansteckend wie: '....처럼 전염성이 강한'

Einmal lachen ist besser als fünfmal Medizin schlucken.
Wer nicht mehr lacht, hat zu leben *verlernt*. (Gertrud Uekötter)

한 번 웃는 것은 다섯 번 약을 삼키는 것보다 더 몸에 좋다.
더 이상 웃지 않는 자는 사는 법을 잊어버린 것이나 진배없다.

*————————————————————

verlernen: '조금씩 잊게 되다 결국 완전히 잊어버리게 되다'

Gedichte

<Ehmals und jetzt>

In jüngeren Tagen war ich des Morgens froh,
Des Abends weint' ich; jetzt, da ich älter bin,
Beginn' ich zweifelnd meinen Tag, doch
Heilig und heiter ist mir sein Ende. (Friedrich Hölderlin)

<옛날과 지금>
젊은 시절에 나는 아침에는 기뻤고,
저녁에는 울었다; 더 늙은 지금,
나는 의심하면서 나의 하루를 시작하지만,
하루의 끝은 나에게 성스럽고 명랑하다네.

3.7. Leben Sie gut und gerecht!

Einführung

<오래 사는 비결은 선한 생활이다>

"오래 사는 비결은 착하게 사는 것이다. 사람이 빨리 죽게 되는 원인은 두 가지인데, 그것은 어리석음과 부도덕한 생활이다, 어떤 사람들은 목숨을 부지하는 데 필요한 지혜가 없기 때문에, 또 어떤 사람들은 목숨을 부지할 의지가 없기 때문에 자기 목숨을 잃는다. 미덕은 그 자체가 보상인 것과 마찬가지로, 악습은 그 자체가 처벌이 된다. 방탕하게 사는 사람은 죽음을 향해서 다른 사람보다 두 배로 빨리 달려가는 셈이다. 도덕적으로 선하게 사는 사람은 장수를 누린다. 정신이 강인하면, 그 영향을 받아서 육체도 건강하다. 선한 생활은 목숨을 오래 유지할 뿐만 아니라, 삶 자체를 보람으로 가득 채워준다." (Balthasar Gracian(2004): "세상의 지혜", 136쪽)

Text

Bibel

Wer rechtschaffen lebt, *dem* zeige ich mein Heil.

옳게 살아가는 이에게 나의 구원을 보여 주리라. (시편 50,23)

*

*Wer*는 1격이고, *dem*은 3격이기 때문에 꼭 나와야 한다.

Die Rettung der Gerechten kommt vom Herrn, er ist ihre Zuflucht in Zeiten der Not.

의인들의 구원은 주님에게서 오고, 주님은 고난의 시기에 그들의 피난처이다. (시편 37,39)

Du hast deinem Knecht David, meinem Vater, große Huld erwiesen; denn er lebte vor dir in Treue, in Gerechtigkeit und mit aufrichtigem Herzen.

주님께서는 당신 종인 제 아버지 다윗에게 커다란 자애를 베푸셨습니다; 그것은 다윗이 당신 앞에서 성실하고 정의롭고 올곧은 마음으로 살았기 때문입니다. (열왕기상 3,6)

Selig sind, die um der Gerechtigkeit willen verfolgt werden; denn ihrer ist das Himmelreich.

정의 때문에 박해를 받는 사람들은 행복하다; 왜냐하면 하늘나라가 그들의 것이기

때문이다. (마태 5,10)

Sucht das Gute, nicht das Böse; dann werdet ihr leben, und dann wird, wie ihr sagt, der Herr, der Gott der Heere, bei euch sein.

너희는 악이 아니라 선을 추구하라; 그래야 너희가 살리라,
그래야 너희 말대로 주님, 만군의 하느님이 너희와 함께 있으리라.

(아모 5,14)

Weg mit dem Lärm deiner Lieder! Dein Harfenspiel will ich nicht hören, sondern *das Recht ströme* wie Wasser, *die Gerechtigkeit* wie ein nie versiegender Bach.

시끄러운 노래를 멈추어라! 너희의 하프 연주도 나는 듣지 못하겠다. 다만 정의가 물처럼 흐르게 하고, 사회 정의가 언제까지 마르지 않는 시내처럼 흐르게 하여라.

(아모 5,23-24)

*

das Recht ströme: *das Recht*는 1. 법학 2. 권리 3. 정의 4. 법원/재판(Duden, 10 Bände)의 의미들을 갖고 있지만, 여기에서는 '정의'의 의미로 사용되었다. *ströme*는 '접속법 1식'으로서 3인칭 단수에 대한 명령의 기능을 수행한다.
die Gerechtigkeit: *die Gerechtigkeit ströme*에서 접속법 1식 동사 *ströme*가 생략되었다.

Herr, wer darf Gast sein in deinem Zelt, wer darf weilen auf deinem heiligen Berg?

Der makellos lebt und das Rechte tut; *der* von Herzen die Wahrheit sagt.

주님, 당신의 천막에 누가 손님으로 머물 수 있습니까?
누가 당신의 거룩한 산에서 지낼 수 있습니까?
흠 없이 살아가고 정의로운 일을 하는 사람; 마음으로부터 진실을 말하는 사람.

(시편, 15,1-2)

*
Der: 선행사가 없는 관계 대명사 주격으로서 현대 독일어로 고치면 둘 다 *Wer*로 되어야 할 것이다.

Meine Stärke und mein Lied ist der Herr; er ist für mich zum Retter geworden. Frohlocken und Jubel erschallt in den Zelten der Gerechten: "Die Rechte des Herrn wirkt mit Macht! Die Rechte des Herrn ist erhoben, die Rechte des Herrn wirkt mit Macht!"

Ich werde nicht sterben, sondern leben, um die Taten des Herrn zu verkünden. Der Herr hat mich hart gezüchtigt, doch er hat mich nicht dem Tod übergeben. Öffnet mir die Tore zur Gerechtigkeit, damit ich eintrete, um dem Herrn zu danken. Das ist das Tor zum Herrn, nur *Gerechte* treten hier ein. Ich danke dir, dass du mich erhört hast; du bist für mich zum *Retter* geworden.

주님은 나의 힘, 나의 노래이다; 주님은 나에게 구원자가 되어 주셨네. 정의로운 사람들의 천막 안에서는 기쁨과 환호 소리가 울려 퍼지네: "주님의 오른 손이 위업을 이루시네! 주님이 오른 손을 드셨네, 주님의 오른 손이 위업을 이루시네!" 나는 죽지 않으리라, 주님이 하신 일들을 선포하기 위해서 살아남으리라. 주님은 나를 심하게 벌하셨어도, 나를 죽음에 넘기지는 않으셨네. 내가 그리로 들어가 주님께 감사하도록, 나에게 정의로 들어가는 문을 열어라. 그것은 주님께 가는 문. 의인(義人)들만이 여기로 들어가리라. 당신이 제 기도를 들어주셨으니, 저는 당신께 감사하나이다; 당

신은 저를 위해 구원자가 되어 주셨네. (시편 118,14-21)

*
Gerechte: '정의로운 사람들'로서 '형용사의 명사화'이므로 대문자이다.
Retter: '구원자'로서 동사 *retten*의 '행위자 명사'(nomina agentis)이다.

Aphorismen

"Wenn (die) ein langes und gesundes Leben (haben): dort ist gesunde Ewigkeit und ewige Gesundheit, denn die Gerechten werden in Ewigkeit leben und das Heil der Gerechten kommt vom Herrn." (Anselm von Canterbury(1962): "Proslogion". 129쪽)

"그들이 건강하게 장수를 누린다면: 그 곳에는 건강한 영원과 영원한 건강이 있을 것이다, 왜냐하면 정의로운 사람들은 영원히 살 것이고, 정의로운 사람들의 구원은 주님으로부터 오기 때문이다."

Besser ist *es, hinkend auf*
dem rechten Weg zu gehen,
als mit einem festen Schritt abseits. (Augustinus)

확고한 걸음으로 옆길로 빠지는 것보다는,
절뚝거리면서라도 옳은 길을 가는 것이 더 좋다.

*
*es*는 '상관사'(Korrelat)로서, 뒤에 오는 부정사구 *hinkend auf dem rechten Weg zu gehen, als mit einem festen Schritt abseits*를 받는다. 그러므로 '후방지시사'(Katapher)이다.

Luft und Licht heilen,
und Ruhe heilt, aber den besten Balsam
spendet doch ein gütiges Herz. (Theodor Fontane)

공기와 빛이 우리를 치유한다,
그리고 휴식도 우리를 치유한다,
그러나 최고의 위안은 바로 선량한 마음이 준다.

*

Balsam: (geh.) 위안

Den rechten Weg wirst (du) nie vermissen,
Handle nur nach Gefühl und Gewissen. (Aus: Zahme Xenien von Goethe)

느낌과 양심에 따라서만 행동하라,
그러면 너는 옳은 길을 결코 놓치지 않을 것이다.

3.8. Seien Sie bescheiden und freundlich!

Einführung

<겸손한 사람은 결코 낙담하지 않는다>

"마음을 불행하게 만드는 첫째 원인은 자기중심주의 또는 이기심이다. 자만심에 가득 차서 대단한 인물인 것처럼 자처하는 사람은 실제로는 자신의 무가치함을 고스란히 드러내는 것이다. 자만심이란 실제의 자기 모습이 아닌, 허위의 모습을 보여주려고 하는 시도에 불과하다. 사람들이 자신을 무한정 추켜올리는 대신 자신을 전혀

드러내지 않는다면, 얼마나 더 행복해질 것인가! 그렇게 되면 사람들은 현대 사회에서 가장 보기 힘든 미덕인 겸손을 통해서 참되고 무한한 것을 발견할 것이다. 겸손은 자신에 대한 진실한 태도이다.

(풀턴 J. 신(2005): "행복에 이르는 길", 18-23쪽)

"겸허는 미덕일 뿐만 아니라, 자신의 어두운 면과 공격성, 망상, 슬픔, 두려움, 무기력함이 담겨있는 영혼의 밑바닥까지 내려가보는 용기입니다. 자신의 진실을 바라보고 받아들일 수 있는 용기를 지닌 사람만이 두려움 없이 살 수 있습니다. 진실을 대면하는 일은 아주 고통스러울 때가 많습니다. 수도사로서 자기 자신을 인식할 수 없는 사람은 신을 만날 수 없습니다. 그래서 겸허는 신을 경험할 수 있게 하는 전제조건이 됩니다. 겸허한 마음이 없다면 오직 자신만을 위해서 신을 독차지하고 신에 대한 자신의 경험을 부풀려 말할 것입니다. 그때 겸허는 우리의 영적인 면을 다른 사람의 그것보다 더 높이 평가하지 않도록 우리를 보호해줍니다. 겸허는 우리를 지탱해주고 우리의 삶을 단단하게 붙잡아줍니다."

(안젤름 그륀(2007): "내안의 기적을 만나라", 64-65쪽)

"우리가 삶에서 작은 것 하나에도 감사하며 살 때 내적인 겸손이 생깁니다. 내적인 겸손이 쌓일 때 우리는 상처에서 자유로워집니다. 그 출발은 하느님께 엄청난 사랑의 빛을 지며 살고 있는 자신을 발견하는 것입니다. 내 삶에 깊이 감사하고 나면 모든 이의 모든 것을 용서하고 받아들일 수 있습니다. 상처받을 일도 없어집니다."

(매일미사: 2011년 9월 11일, 78-79쪽, <오늘의 묵상>)

"친절은 다른 사람에게만 좋은 일을 하는 것이 아닙니다. 친절은 스스로에게도 좋은 일을 한 것입니다. 불친절한 사람은 스스로를 고립시키고, 공격적이고 불만족스러운 분위기를 만들기 때문에 곳곳에 적이 많지요. 부정적인 것은 긍정적인 것과 마찬가지로 그러한 분위기를 주변에 퍼뜨립니다. 친절한 사람은 다른 사람에게 미소로 응답합니다. 마더 테레사는 우리가 서로에게 베푸는 친절함 속에서 예수의 복음을 구체화한다고 생각했습니다. 그래서 동료 수녀들에게 이렇게 말했습니다: '미소가 사랑의 시작이다. 친절하고 따뜻하게 대하라. 너희에게 온 사람 모두를 그보다 더 좋은 대접을, 더 행복한 대접을 받아본 적이 없다는 느낌을 지니고서 돌아가게 하라.' 그리고 친절한 사람은 다른 사람을 평가하지 않습니다. 그는 사람들을 친절하게 대하고 미소를 지어줌으로써 사람들에게 새로운 삶을 일깨워주지요. 친절은 우리에게 기쁨과 명랑한 기분을 전해주고, 영혼의 내적인 경쾌함과 마주치게 해줍니다."

(안젤름 그륀: "내안의 기적을 만나라", 80-81쪽)

Text

Bibel

Bei all deinem Tun sei bescheiden, so wird dich kein Schaden treffen.

모든 너의 행동에 있어서 겸손하여라, 그러면 너는 아무런 해도 당하지 않을 것이다. (집회 31,22)

Zu der Zeit rief Jesus aus: »Ich preise dich, Vater, du Herr über Himmel und Erde, dass du das alles den Weisen und Klugen verborgen, den Unmündigen aber offenbart hast. Ja, Vater, so hast du es gewollt, und dafür preise ich dich. Alles hat mir mein Vater übergeben. Niemand kennt den Sohn, nur der Vater kennt ihn; und auch den Vater kennt niemand, nur der Sohn – und die, denen der Sohn es offenbaren will.«

그 때 예수님은 외쳤습니다: "아버지, 하늘과 땅의 주님, 지혜롭다는 자들과 영리하다는 자들에게는 그 모든 것을 감추시고, 철부지들에게는 드러내 보이시니, 아버지를 찬양합니다. 그렇습니다, 아버지! 당신은 그렇게 되길 원했습니다. 그리고 그것에 대해 나는 당신을 찬양하나이다. 나의 아버지께서는 모든 것을 나에게 넘겨주셨습니다. 아무도 아들을 알지 못하고, 아버지만이 아들을 압니다; 또 아무도 아버지를 알지 못하며, 아들만이 아버지를 알며, 아들이 기꺼이 드러내 보이려는 사람들만이 아버지를 압니다."

Jesu Einladung

»Kommt zu mir, ihr alle, die ihr euch plagt und von eurer Last fast erdrückt werdet; ich werde sie euch abnehmen. Nehmt mein Joch auf euch und lernt von mir, denn ich bin gütig und von Herzen demütig. So werdet ihr Ruhe finden für eure Seele.«

<예수님의 초대>

"고생하며 무거운 짐에 짓눌려 우울해진 너희는 모두 나에게 오너라; 내가 너희에게서 그 짐을 덜어주겠다. 나는 온유하고 마음이 겸손하므로, 내 멍에를 너희 어깨에 메고 나로부터 배워라. 그러면 너희가 너희 영혼을 위한 안식을 발견할 것이다."

(마태 11,25-29)

Ist nun bei euch Ermahnung in Christo, ist Trost der Liebe, ist Gemeinschaft des Geistes, ist herzliche Liebe und Barmherzigkeit, *so* erfüllet meine Freude, *dass* ihr eines Sinnes seid, gleiche Liebe habt, einmütig und einhellig seid. Nichts tut durch Zank oder eitle Ehre; sondern durch Demut *achte* ***einer*** *den andern höher* ***denn*** *sich selbst.*

이제 여러분이 그리스도 안에서 깨달음을 얻고, 사랑의 위로를 받고, 성령과 함께 하고, 진정한 사랑과 자비를 느낀다면, 이제 나의 기쁨을 완전하게 하라, 그리하여 너희는 뜻을 같이 하고, 같은 사랑을 지니고, 완전히 같은 의견이 되고 모든 점에서 의견일치를 보아라. 불화의 마음이나 허영심으로는 어떤 일도 하지마라; 그 대신에 겸손한 마음으로 다른 사람을 자신보다 더 높이 존중하라. (필리 2,1-3)

*———————————————————————————————————

*achte*는 동사 *achten*의 '접속법 1식'으로서 3인칭 단수인 주어 *einer*에 대한 명령의 기능을 가진다.

denn: <고어(古語) 또는 고양(高揚)된 문체>로 'als'(....보다)의 의미이다. 루터의 번역이므로 '고어'(古語)이고, 성경이므로 '고양된 문체'이기도 하다. 현대독일어에서는 이중의 *als*를 피하기 위해서만 가끔 사용됨: *Er ist als Wissenschaftler bedeutender* ***denn*** *als Künstler.* (그는 예술가로서보다 학자로서 더 중요하다)

so ..... dass...: '너무 ....하여, 그 결과 어떻게 되다'

Gott widersteht den Hochmütigen, aber den Demütigen gibt er Gnade.

하느님께서는 교만한 자들에게는 맞서시지만, 겸손한 이들에게는 은총을 베푸십니다. (1베드 5,5)

*———————————————————————————————————

jm. widerstehen: '누구에게 맞서다'

Mein Sohn, bei all deinem Tun bleibe bescheiden, und du wirst mehr geliebt werden als einer, der Gaben verteilt. *Je größer* du bist, *um so mehr* bescheide dich, dann wirst du Gnade finden bei Gott.

내 아들아, 모든 행동에 있어서 항상 겸손하여라, 그러면 선물을 나누어주는 사람보다 네가 더 많이 사랑받으리라. 네가 높아질수록 더욱 자신을 낮추어라, 그리하면 너는 주님에게서 은총을 받으리라. (집회 3,17-18)

*

Je größer .... um so mehr ....: '높아질수록, 더욱 더 ....하다'

3.9. Kehren Sie zum 'wahren ich' zurück!

Einführung

<자기 안의 신성>

"사람은 자신을 되돌아보고 재정비하여 육체적인 힘을 회복해야만 합니다. 사람은 살아계신 하느님의 모상이기 때문이다. 사람은 자신 안에 하느님과 같은 신성이 있음을 깨닫는 순간, 자신을 되찾게 됩니다."

(요한 바오로 2세(2011): "여러분도 행복하세요" 4월 10일, 129쪽)

<3월 1일 물이 불어난 루아르 강을 바라보면서>

"언제나 침착하고 고요하여라. 강물에 하늘이 들어오는 것은 잔잔할 때뿐이다."

(가브리엘 보시: "그와 나", 30쪽)

"세례의 의미는 거짓된 자신을 버리고 '참된 나'를 찾는 데 있다. 그러면 '참된 나'란 무엇인가? 세례 받은 후의 예수님처럼 사랑이신 하느님 아버지의 생명을 살도록 노력하는 것이다. 예수님은 하느님 아버지의 생명을 사는 것에 대해 이렇게 말했다: '사람은 누구나 생명의 아버지가 자기에게 그리고 모든 사람에게 준 그 생명을 가지고 있다는 사실을 압니다. 나의 가르침은 아버지가 모든 사람에게 준 이 생명을 사람은 살아가지 않으면 안 된다는 것일 뿐이다. 나의 가르침을 믿는 사람은 나를 믿는 것이 아니라, 세상에 생명을 주는 그 영혼을 믿는 것이다. 나는 사람들을 구해주려고 왔지 단죄하려고 온 것은 아니기 때문이다. 나의 말을 받아들이지 않는 사람을 단죄하는 것은 나의 가르침이 아니라 바로 그 사람 안에 들어있는 깨달음이다. 바로 그 깨달음이 그를 단죄하는 것이다. 나는 내 생각대로 말한 것이 아니라 나의 아버지 즉 내 안의 살아있는 영혼이 일깨워주는 대로 말했습니다. 내가 하는 말은 깨달음의 영혼이 나에게 말해준 것이고, 내가 가르치는 것은 참된 생명이다.'"

(톨스토이: "아무도 모르는 예수님", 345~346쪽)

Text

Bibel

Wie der Hirsch *lechzt nach frischem Wasser*,
so *lechzt* meine Seele, Gott, *nach dir*.
Meine Seele *dürstet nach* Gott, *nach* dir.

사슴이 시냇물을 그리워하듯, 하느님, 제 영혼이 당신을 그리워하나이다.
제 영혼이 하느님을, 당신을 목마르게 그리워하나이다.

(시편 42,2-3)

*

nach etw.[3] *lechzen*: <geh.> ',,,,,을 갈망하다'
nach jm. dürsten: '누구를 목마르게 그리워하다'

Liebe Brüder, wir wollen einander lieben; denn die Liebe ist aus Gott, und jeder, der liebt, *stammt von Gott* und erkennt Gott. Wer nicht liebt, hat Gott nicht erkannt; denn Gott ist die Liebe.

"사랑하는 형제 여러분, 우리는 서로 사랑하려고 합니다; 왜냐하면 사랑은 하느님에게서 오고, 사랑하는 이는 모두 하느님에게서 태어났으며 하느님을 알기 때문입니다. 사랑하지 않는 사람은 하느님을 알지 못합니다. 왜냐하면 하느님은 사랑이시기 때문입니다.

*

stammt von Gott: '하느님의 자손이다'

Die Liebe Gottes wurde unter uns dadurch offenbart, dass Gott seinen einzigen Sohn in die Welt gesandt hat, damit wir durch ihn leben. Nicht *darin besteht* die Liebe, *dass wir Gott geliebt haben, sondern dass er uns geliebt und seinen Sohn als Sühne für unsere Sünden gesandt hat.*

하느님의 사랑은 우리에게 이렇게 나타났습니다. 곧 하느님께서 우리가 그분을 통하여 살게끔 당신의 외아드님을 세상에 보내셨습니다. 그 사랑은 이렇습니다. 우리가 하느님을 사랑한 것이 아니라, 그분께서 우리를 사랑하시어 당신의 아드님을 우리를 위한 속죄의 제물로 보내 주신 것입니다.

*

in etw^3 *bestehen*: "bestehen 5. SBP: Enom Epräp(=*in*)
'etw. als Inhalt haben' (무엇을 내용으로 갖고 있다): *Der wahre Gottesdienst bestand für Leibniz in Wissenschaft.* (참된 예배의 대상은 라이프니쯔에게는 학문이었다.)" (VALBU, 252쪽)
*darin*은 *dass wir Gott geliebt haben, sondern dass er uns geliebt und seinen Sohn als Sühne für unsere Sünden gesandt hat*를 주문장에서 미리 가리키는 '상관사'(Korrelat)이다.

Liebe Brüder, wenn Gott uns so geliebt hat, müssen auch wir einander lieben. Niemand hat Gott je geschaut; wenn wir einander lieben, bleibt Gott in uns, und seine Liebe ist in uns vollendet. *Daran* erkennen wir, dass wir in ihm bleiben und er in uns bleibt: *Er hat uns von seinem Geist gegeben.*

사랑하는 형제 여러분, 하느님께서 우리를 이렇게 사랑하셨으면, 우리도 마찬가지로 서로를 사랑해야 합니다. 지금까지 하느님을 본 사람은 없습니다; 그러나 우리가 서로를 사랑하면, 하느님께서 우리 안에 머무르시고, 그분의 사랑이 우리 안에서 완성됩니다. 하느님께서는 우리에게 당신의 영을 나누어 주셨습니다. 우리는 이 사실을 통해 우리가 그분 안에 머무르고 그분께서 우리 안에 머무르신다는 것을 압니다."

(1요한 4장 7절~13절)

---

*

etw.[4] *an etw*[3] *erkennen*: "erkennen 2. SBP: Enom Eakk (Epräp)(=*an* +3격) 'auf Grund von etw. jn./etw. genau bestimmen' (무엇을 토대로 누구/무엇을 정확하게 알아보다): *Ich habe ihn gleich an seiner Stimme erkannt.* (나는 그의 음성을 듣고 즉시 그임을 알아챘다.); *Die Verschlimmung der Krankheit erkannte ich am Anstieg des Fiebers.*(그 병의 악화를 그는 열이 올라가는 것을 보고 알아챘다.); *Er hat (es) sofort erkannt, dass die Bremsen defekt waren.* (그는 그 브레이크가 고장이 났다는 것을 즉시 알아챘다.)" (VALBU, 347쪽)

*Daran*은 '후방 지시사'(Katapher)로서 '*Er hat uns von seinem Geist gegeben.*'을 앞에서 미리 지시한다. 즉 *Daran, dass er uns von seinem Geist gegeben hat, erkennen wir, dass wir in ihm bleiben und er in uns bleibt* 로 바꿀 수 있을 것이다.

Aphorismen

Der einzige Tod, den wir vermeiden sollten, ist das Vergessen des Daseins Gottes in uns. (Paracelsus)

우리 안의 신의 존재를 망각하는 것이야말로 우리가 피해야 할 유일한 죽음이다.

Glaube an dich selbst,

Mensch, glaube an den innern Sinn deines Wesens,

so glaubst du an Gott und an die Unsterblichkeit deiner Seele. (Johann Heinrich Pestalozzi)

너 자신을 믿으라,

그래, 네 존재의 내적(內的)인 의미를 믿으라,

그러면 너는 하느님을 믿고, 네 영혼의 불멸을 믿는 것이다.

Und da ich mich in schweigende Betrachtung versenke, antwortest du mir, Herr, in der Tiefe meines Herzens, mit dem Wort: *Sei du dein eigen, dann bin auch ich dein eigen.* (Nikolaus von Kues)

그리고 내가 침묵하는 관조 속으로 침잠할 때, 주님, 당신은 내 마음 속 깊은 곳에 다음의 말로 대답한다: 너는 네 자신이 되어라, 그러면 나 또한 네 것이 되리라.

*———

in etw.[4] *sich versenken*: '....속으로 침잠하다'

dein eigen: '너 자신의 것', 즉 '참된 너'를 뜻한다.

4

Der Glaube und die Gnade der Erlösung

Einführung

"그리스도교는 영원한 섭리를 구원으로 본다. 즉 신이 보낸 인격의 구원 능력을 완전히 전달함으로 파멸로 떨어진 세계를 지속적으로 높이는 구원으로 본다. 그리스도교는 또한 세계를, 스스로 구원을 요구하지만 이를 자신의 힘으로 쟁취할 수는 없는 존재로 간주한다. 세계는 늘 새로운 구원의 능력을 필요로 한다."

(Schleiermacher: "종교론", 237쪽)

<시선>

"만약 우리가 우리의 한계와 우리의 죄만을 생각한다면, 우리는 곧바로 슬픔에 빠지고 용기를 잃을 것입니다. 그러나 주님께 시선을 고정한다면, 우리 마음은 희망으로 채워질 것입니다."

(요한 바오로 2세: "여러분도 행복하세요", 3월 17일, 102쪽):

<인생을 돌아보며>

"여생이 얼마 남지 않았다. 자연히 과거를 되돌아보게 된다. 미구(未久)에 맞이할 죽음을 거치면 - 부족하고 자격도 없지만 -모든 것을 용서하시는 자비 지극하신 하느

님은 당신의 그 영원한 생명으로 나를 받아 주실 것이다. 하느님 안에서 하느님이 누리시는 생명, '죽음이 없고 슬픔도 울부짖음도 괴로움도 없는' (묵시 21,4) 그 생명으로 인도해주실 것이다.

아, 이 얼마나 큰 은총인가? 까를로 까레또 수사는 하느님은 당신을 믿는 사람은 짓이겨서라도 기어이 당신 것으로 만드신다고 했다. 내 경우도 어느 정도 그러했다. 신부되는 것, 스스로 원한 것은 아니었지만 될 수밖에 없도록 인도하셨고 주교와 추기경의 삶은 명령으로 떨어졌고, 여기에 따르는 긴 세월의 삶은 단순하지 않았다. 몇 번이고 도망치고 싶을 때가 있었다. 십자가를 벗어 던지고 싶었다. 그러나 결단의 용기를 내지 못하였다. 결국 '뜻대로 하소서'하고 받아들일 수밖에 없었다.

생각해보면 나는 죄인이다. 허물이 많은 사람이다. 하느님 앞에서는 고개도 들 수 없는 대죄인이라 해도 과언이 아니다. 그럼에도 불구하고 하느님은 오히려 이런 죄와 허물을 통해서 - 사도 바오로가 '죄 많은 곳에 은총도 충만히 내렸다' (Und gerade dort, wo sich die Sünde in vollem Maß auswirkte, ist die Gnade noch unendlich viel mächtiger geworden.) (로마 5,20)고 하신 대로 - 당신의 사랑, 당신의 자비, 당신의 그 풍성한 용서의 은총을 깨닫게 하여주셨다. 달리 말하면 나는 죄로 말미암아 자비 지극하신 하느님 사랑을 더 깊이 깨닫고 믿게 되었다. 아니, 하느님은 죄까지도 당신 은총의 기회로 삼으셨다. 나의 하느님은 참으로 돌아온 탕자를 껴안아주시는 어진 아버지이시다.

오, 펠릭스 꿀빠!(Oh, Felix Culpa! 오, 복된 탓이여!)

이제 나는 나를 이렇게까지 큰 은총으로 축복하여 주시는 하느님께 감사 또 감사를 드리고 또 드려야 할 것이다. 그리고 여생이 얼마인지 알 수 없으나 이제는 진실로 하느님 영광을 위해 모든 것을 바치는 삶을 살아야 할 것이다. 나의 주교 표어 '너희와 모든 이를 위하여'대로 성체성사의 주님처럼 '생명의 빵'이 되는 삶, '모든 이의 밥'이 되는 삶을 살아야 한다. 하느님이 뜻하시는 대로, 살아계신 그리스도의 이콘(ICON)이 되어야 할 것이다.

하느님 아버지, 진심으로 감사드립니다. 온 마음을 대해, 정성을 다하고 힘을 다해, 나의 모든 걸 바쳐서 주님께 감사와 찬미를 드립니다. 주님께 영광 있으소서, 아멘."

(서울주보, 2010년 2월 21일, 말씀의 이삭, 고(故) 김수환 스테파노 추기경)

Text

Bibel

Er hat uns errettet von der Macht der Finsternis und hat uns versetzt in das Reich seines lieben Sohnes.

하느님은 우리를 어둠의 힘으로부터 구원하셨고, 우리를 그의 사랑하는 아들의 나라로 옮겨 놓으셨다. (콜로 1,13)

<Das Gleichnis vom Sämann>

An jenem Tag verließ Jesus das Haus und setzte sich an das Ufer des Sees. Da *versammelte sich* eine große Menschenmenge *um ihn.* Er stieg deshalb in ein Boot und setzte sich; Die Leute aber standen am Ufer. Und er sprach lange zu ihnen in Form von Gleichnissen. Er sagte: Ein Sämann ging aufs Feld, um zu säen.

<씨뿌리는 사람의 비유>

그날 예수님께서는 집을 떠나서 호숫가에 앉으셨다. 그러자 예수님의 주위에 많은 군중이 모였다. 그래서 예수님께서는 배에 올라타서 앉으셨다; 사람들은 그러나 호숫가에 그대로 서 있었다. 그리고 예수님께서는 그들에게 오랫동안 비유를 들어 말씀하셨다. 씨 뿌리는 사람이 씨를 뿌리러 밭에 나갔다.

*―――――――――――――――――――――――――――――――――――――――

sich versammeln: '모이다' 장소를 나타내는 '부사적 보충어' *um ihn*이 필수적이다.

Als er säte, fiel ein Teil der Körner auf den Weg, und die Vögel kamen und fraßen sie. Ein anderer Teil fiel auf felsigen Boden, wo es nur wenig Erde gab, und *ging* sofort *auf*, weil das Erdreich nicht tief war. Als dann aber die Sonne höher stieg, wurden die jungen Pflanzen versengt, und weil sie keine kräftigen Wurzeln hatten, verdorrten sie.

그가 씨를 뿌리는데 일부의 씨는 길에 떨어져 새들이 와서 먹어 버렸다. 다른 씨들은 흙이 많지 않은 돌밭에 떨어져서, 흙이 깊지 않아 싹이 곧 돋아났다. 그러나 해가 더 높게 솟아오르자 그 어린 식물들은 타고 말았다. 그 식물은 힘찬 뿌리가 없어서 말라 버렸다.

*―――――――――――――――――――――――――――――――――――――――

aufgehen: 'emporwachsen'

Wieder ein anderer Teil fiel in die Dornen, und die Dornen wuchsen und erstickten die Saat. Ein anderer Teil schließlich fiel auf guten Boden und brachte Frucht, teils hundertfach, teils sechzigfach, teils dreißigfach. Wer Ohren hat, der höre!

또 어떤 것들은 가시덤불 속에 떨어졌는데, 가시덤불이 자라면서 숨을 막아 버렸다. 어떤 것들은 결국 좋은 땅에 떨어져 열매를 맺었는데, 어떤 것은 백 배, 어떤 것은 예순 배, 어떤 것은 서른 배가 되었다. 귀 있는 사람은 들어라!

<Sinn und Zweck der Gleichnisse>

Da kamen die Jünger zu ihm und sagten: Warum redest du zu ihnen in Gleichnissen? Er antwortete: Euch ist es gegeben, die Geheimnisse des Himmelreichs zu erkennen; ihnen aber ist es nicht gegeben.

<비유의 의미와 목적>

제자들이 예수님께 다가와 말했다: "왜 저 사람들에게 비유로 말씀하십니까?" 예수님께서 그들에게 대답하셨다: "너희에게는 하늘나라의 신비를 아는 것이 허락되었지만, 저 사람들에게는 허락되지 않았다."

Denn wer hat, dem wird gegeben, und er wird im Überfluss haben; wer aber nicht hat, dem wird auch noch weggenommen, was er hat. Deshalb rede ich zu ihnen in Gleichnissen, weil sie sehen und sehen doch nicht, weil sie hören und doch nicht hören und nichts verstehen.

왜냐하면 가진 자는 더 받아 넉넉해질 것이고, 가진 것이 없는 자는 가진 것마저 빼앗길 것이다. 그들이 보아도 보지 못하고 들어도 듣지 못하고 아무것도 깨닫지 못하기 때문에, 나는 그들에게 비유로 말하는 것이다.

An ihnen erfüllt sich die Prophezeiung Jesajas:
Hören sollt ihr, hören, aber nicht verstehen;
sehen sollt ihr – sehen, aber nicht erkennen.
Denn das Herz dieses Volkes ist hart geworden,
und mit ihren Ohren hören sie nur schwer, und
ihre Augen halten sie geschlossen, damit sie mit
ihrem Herzen nicht zur Einsicht kommen,
damit sie sich nicht bekehren und

ich sie nicht heile.

이렇게 하여 이사야의 예언이 그들에게 이루어지는 것이다: "너희는 듣고 또 들어도 깨닫지 못하고 보고 또 보아도 알아채지 못하리라. 왜냐하면 이 민족의 마음은 무정해졌고, 귀로는 제대로 듣지 못하며 눈은 감고 있기 때문이다. 그 결과 그들은 마음으로는 아무것도 이해하지 못하고, 회개하지도 않으니, 내가 그들을 낫게 할 수가 없구나."

Ihr aber seid selig, denn eure Augen sehen, und eure Ohren hören. Amen, Ich sage euch: Viele Propheten und Gerechte *haben sich danach gesehnt zu sehen*, was ihr seht, und haben es nicht gesehen, und *zu hören*, was ihr hört, und haben es nicht gehört.

그러나 너희의 눈은 볼 수 있고, 너희의 귀는 들을 수 있으니 너희는 행복한 사람들이다. 내가 진실로 너희에게 말한다: "많은 예언자와 의인들이 너희가 보는 것을 보고자 갈망하였지만 보지 못하였고, 너희가 듣는 것을 듣고자 갈망하였지만 듣지 못하였다."

*

sich nach etw.[3] *sehnen*: '무엇을 갈망하다'이다. *nach* 대신에 *danach*가 '상관사'(Korrelat)로 와서 그 다음에 오는 *zu*-Inf를 받아준다.

<Die Deutung des Gleichnisses vom Sämann>

Hört also, was das Gleichnis vom Sämann bedeutet. Immer wenn ein Mensch das Wort vom Reich hört und es nicht versteht, kommt der Böse und nimmt alles weg, was diesem Menschen ins Herz gesät wurde; hier ist der Samen auf den Weg gefallen.

<씨 뿌리는 사람의 비유에 대한 해석 >

그러니 너희는 씨 뿌리는 사람의 비유가 무엇을 뜻하는지 들어라. 누구든지 하늘나라에 관한 말을 듣고 그것을 이해하지 못하면, 악한 자가 와서 이 사람의 마음에 뿌려진 모든 것을 도로 빼앗아 간다; 길에 뿌려진 씨는 바로 그러한 사람이다.

Auf felsigen Boden ist der Samen bei dem gefallen, der das Wort hört und sofort freudig aufnimmt, aber keine Wurzeln hat, sondern unbeständig ist; sobald er um des Wortes willen bedrängt oder verfolgt wird, kommt er zu Fall.

돌밭에 뿌려진 씨는 이러한 사람이다. 그는 말씀을 들으면 곧 기쁘게 받는다. 그러나 그 사람 안에 뿌리가 없어서 오래가지 못한다. 그래서 말씀때문에 환난이나 박해를 받게 되면 그는 곧 넘어진다.

In die Dornen ist der Samen bei dem gefallen, der das Wort zwar hört, aber dann esticken es die Sorgen dieser Welt und der trügerische Reichtum, und es bringt keine Frucht. Auf guten Boden ist der Samen bei dem gesät, der das das Wort hört und es auch versteht; er bringt dann Frucht, hundertfach oder sechzigfach oder dreißigfach.

가시덤불 속에 뿌려진 씨는 이러한 사람이다. 그는 말씀을 듣기는 하지만, 세상의 걱정들과 기만의 재물이 그 말씀의 숨을 막아 버려 말씀이 아무 열매도 맺지 못한다. 좋은 땅에 뿌려진 씨는 이러한 사람이다. 그는 말씀을 들으면 그 말씀을 이해한다; 그런 사람은 열매를 맺게 되는데, 어떤 사람은 백 배, 어떤 사람은 예순 배, 어떤 사람은 서른 배의 열매를 맺는다.

(마태 13,1-23. In: Die Bibel(1980): “Einheitsübersetzung der Heiligen Schrift”, S. 1091f.)

<예수 그리스도의 십자가를 통한 인간영혼의 구원>에 관해서 다음 여섯 개의 성경 구절을 통해 살펴보자. 물론 이런 내용을 담은 성경 구절은 훨씬 더 많이 있을 것이다:

(1) Wir alle haben aus der Fülle seines Reichtums Gnade und immer neu Gnade empfangen. Denn durch Mose wurde uns das Gesetz gegeben, aber durch Jesus Christus sind die Gnade und die Wahrheit zu uns gekommen. Niemand hat Gott je gesehen. Der einzige Sohn hat ihn uns *offenbart*, er, der selbst Gott ist und an der Seite des Vaters sitzt.

그분의 넘치는 부유함에서 우리 모두 항상 새롭게 은총을 받았다. 왜냐하면 모세를 통하여 율법이 우리에게 주어졌지만, 예수 그리스도를 통하여 은총과 진리가 우리에게 왔다. 아무도 하느님을 지금까지 본 적이 없다. 유일한 아드님이 하느님 아버지를 우리들에게 드러내어 보여주셨다. 그는 스스로 하느님이시고 아버지 옆에 앉아 계신다. (요한1,16-18)

*

offenbaren: '지금까지 숨겨져서 알려져 있지 않던 것을 처음으로 공개하다'

(2) Wer vom Fleisch bestimmt ist, kann Gott nicht gefallen. Ihr aber seid nicht vom Fleisch, sondern vom Geist bestimmt, da ja der Geist Gottes in euch wohnt. Wer den Geist Christi nicht hat, der gehört nicht zu ihm. Wenn Christus in euch ist, dann ist zwar der Leib tot aufgrund der Sünde, der Geist aber ist Leben aufgrund der Gerechtigkeit. Wenn der Geist dessen in euch wohnt, der Jesus von den Toten auferweckt hat, dann wird er, der Christus Jesus von den Toten auferweckt hat, auch euren sterblichen Leib lebendig machen, durch seinen Geist, der in euch wohnt.

육 안에 있는 자들은 하느님 마음에 들 수 없습니다. 그러나 하느님의 영이 여러분 안에 사시므로, 여러분은 육 안에 있지 않고 성령 안에 있게 됩니다. 누구든지 그리스도의 영을 모시고 있지 않으면, 그는 그리스도께 속한 사람이 아닙니다. 그러나 그리스도께서 여러분 안에 계시면, 여러분의 몸은 비록 죄로 인해 죽은 것이 되지만, 여러분의 정신은 정의로 인해 살아있게 됩니다. 예수님을 죽은 이들 가운데에서 부활시키신 그 분의 영이 여러분 안에 살아있으면, 그리스도를 죽은 이들 가운데에서 부활시키신 분께서 여러분 안에 살아있는 그분의 영을 통하여 여러분의 죽을 몸을 다시 살리실 것입니다. (로마, 8,8-11)

(3) Jesus erwiderte ihr: Ich bin die Auferstehung und das Leben. Wer an mich glaubt, wird leben, auch wenn er stibt, und jeder, der lebt und an mich glaubt, wird *auf ewig* nicht sterben. Glaubst du das? Marta antwortete ihm: Ja, Herr, ich glaube, dass du der Messias bist, der Sohn Gottes, der in die Welt kommen soll.

예수님께서 그녀에게 대답하셨다: "나는 부활이요 생명이다. 나를 믿는 사람은 죽더라도 살 것이고, 또 살아서 나를 믿는 사람은 영원히 죽지 않을 것이다. 너는 이것을 믿느냐?" 마르타가 그에게 대답하였다: "예, 주님, 저는 주님께서 이 세상으로 오시기로 되어 있는 메시아, 즉 하느님의 아드님이심을 믿습니다."

(요한 11, 25-27)

*

auf ewig: '영원히'

(4) Da wir nun einen erhabenen Hohenpriester haben, der die Himmel durchschritten hat, Jesus, den Sohn Gottes, lasst *uns an dem Bekenntnis festhalten*. Wir haben ja nicht einen Hohenpriester, der nicht mitfühlen

könnte mit unserer Schwäche, sondern einen, der in allem wie wir in Versuchung geführt worden ist, aber nicht gesündigt hat. Lasst uns also voll Zuversicht hingehen zum Thron der Gnade, damit wir Erbarmen und Gnade finden und so Hilfe erlangen *zur rechten Zeit*;

이제 우리는 하늘을 통과하여 하늘 위로 올라가신 고귀한 대 사제, 하느님의 아들 예수님을 갖게 되었으므로, 우리들의 신앙고백을 굳게 지켜 나아갑시다. 우리는 우리의 연약함을 동정하지 못하는 대사제가 아니라, 모든 면에서 우리와 똑같이 유혹을 받았지만, 죄는 짓지 않으신 대사제를 모시고 있습니다. 그러므로 자비와 은총과 도움을 제때에 받기 위해, 확신을 가지고 은총의 어좌로 나아갑시다;

Als er auf Erden lebte, hat er mit lautem Schreien und unter Tränen Gebete und Bitten *vor den* gebracht, *der ihn aus dem Tod retten konnte,* und *er ist erhört und aus seiner Angst befreit worden.* Obwohl er der Sohn war, hat er durch Leiden den Gehorsam gelernt; zur Vollendung gelangt, ist er für alle, die ihm gehorchen, der Urheber des ewigen Heils geworden.

예수님께서는 이 세상에 사실 때, 당신을 죽음에서 구하실 수 있는 분께 큰 소리로 부르짖고 눈물을 흘리며 기도와 탄원을 올리셨고, 하느님께서는 경외심 때문에 그 기도를 들어주셨고 예수님은 그의 불안에서 해방되셨습니다. 예수님은 아드님이셨지만 고난을 통해 순종을 배우셨습니다; 그리고 완전하게 되신 뒤에는, 자신에게 순종하는 모든 이를 위해서 영원한 구원의 창시자가 되셨습니다.

(히브 4,14-16; 5,7-9)

*

sich an etw.[3] *festhalten*: '...을 고수하다'

vor den, der ihn aus dem Tod retten konnte: *den*은 '지시 대명사'이고, *der*는

그것을 받는 '관계 대명사 주격'이다: '그를 죽음에서 구하실 수 있었던 그분 앞으로'
er ist erhört und aus seiner Angst befreit worden: *Gott hat ihn erhört und ihn aus seiner Angst befreit* 의 수동형이다.
zur rechten Zeit: '제때에, 적시(適時)에'

(5) Da sagte Petrus zu ihnen, erfüllt vom Heiligen Geist: Ihr Führer des Volkes und ihr Ältesten! Wenn wir heute wegen einer guten Tat an einem kranken Menschen darüber vernommen werden, durch wen er geheilt worden ist, so sollt ihr alle und das ganze Volk Israel wissen: im Namen Jesu Christi, des Nazoräers, den ihr gekreuzigt habt und *den* Gott von den Toten *auferweckt* hat. Durch ihn steht dieser Mann gesund vor euch.

그때에 베드로가 성령으로 가득 차 그들에게 말하였다: 민족의 지도자들과 원로 여러분! 우리가 오늘 병든 사람에게 착한 일을 한 사실 때문에 그가 누구를 통해 구원받았는지 심문받게 된다면, 여러분 모두와 온 이스라엘 민족은 이것을 알아야 합니다: 나자렛 사람 예수 그리스도의 이름으로, 즉 여러분이 십자가에 못 박았지만 하느님께서 죽은 이들 가운데에서 다시 부활시키신 바로 그분의 이름으로, 그분을 통해 이 사람은 여러분 앞에 건강하게 서 있습니다.

*

jn. auferwecken: '부활시키다'로 타동사이고, *auferstehen*은 '부활하다'로 자동사이다.

Er(Jesus) ist 'der Stein, der von euch Bauleuten verworfen wurde, der aber zum Eckstein geworden ist.' Und in keinem anderen ist das Heil zu finden. Denn es ist uns Menschen kein anderer Name unter dem

Himmel gegeben, durch den wir gerettet werden sollen.

그분(예수님)은 '너희 집짓는 자들에 의해서 버림을 받았지만, 모퉁이의 머릿돌이 되신 분'이십니다. 다른 누구에게서도 구원은 발견될 수 없습니다. 왜냐하면 우리가 구원받는 데에 필요한 이름은 하늘 아래에서 이 이름 외에 다른 어떤 이름도 우리 사람들에게 주어지지 않았기 때문입니다. (사도 4,8-12)

(6) Jesus sagte zu ihm: Ich bin der Weg und die Wahrheit und das Leben; niemand kommt zum Vater außer durch mich. Wenn ihr mich erkannt habt, werdet ihr auch meinen Vater erkennen. Schon jetzt kennt ihr ihn und habt ihn gesehen.

그때 예수님께서 토마스에게 말씀하셨다: "나는 길이요 진리요 생명이다; 나를 통하지 않고서는 아무도 아버지께 갈 수 없다. 너희가 나를 알게 되었으면 내 아버지도 알게 될 것이다. 지금 벌써 너희는 그분을 아는 것이고, 또 그분을 이미 뵌 것이다." (요한 14,6-8)

<Die Hoffnung derer, die durch Jesus Christus mit Gott versöhnt sind>

Nachdem wir nun aufgrund des Glaubens für gerecht erklärt worden sind, haben wir Frieden mit Gott durch Jesus Christus, unseren Herrn. Durch ihn haben wir freien Zugang zu der Gnade bekommen, die jetzt die Grundlage unseres Lebens ist, und im Glauben *nehmen wir das auch in Anspruch.* Darüber hinaus haben wir eine Hoffnung, die uns mit Freude und Stolz erfüllt: Wir werden einmal an Gottes Herrlichkeit teilhaben.

<예수 그리스도를 통해 하느님과 화해한 사람들의 희망>

형제 여러분, 믿음을 통해 정의롭게 된 우리는 우리 주 예수 그리스도를 통하여 하느님과 더불어 평화를 누립니다. 우리는 그리스도를 통하여 우리 인생의 토대가 된 이 은총 속으로 들어올 수 있게 되었습니다. 그리고 우리는 믿음 속에서 또한 그것을 요구합니다. 그것을 넘어서서 우리는 하느님의 영광에 참여하리라는 희망을 갖고 있습니다. 그 희망은 우리를 기쁨과 자랑으로 넘치게 합니다.

---

nehmen wir das auch in Anspruch: 'beanspruchen wir das auch'

Doch nicht nur darüber freuen wir uns; wir freuen uns auch über die Nöte, die wir jetzt durchmachen. Denn wir wissen, dass Not uns lehrt durchzuhalten, und wer gelernt hat durchzuhalten, ist bewährt, und bewährt zu sein festigt die Hoffnung. Und in unserer Hoffnung werden wir nicht enttäuscht. Denn Gott hat uns den Heiligen Geist gegeben und hat unser Herz durch ihn mit der Gewissheit erfüllt, dass er uns liebt.

그러나 우리는 그것에 대해서만 기뻐하는 것이 아닙니다; 그뿐만 아니라, 우리는 우리가 이제 겪어야하는 환난에 대해서도 기뻐합니다. 우리가 알고 있듯이, 환난은 그것을 견디어낼 인내를 가르치고, 인내하는 것을 배운 사람은 진실함이 증명되었고, 진실함이 증명된 사람은 희망을 더 확고히 합니다. 그리고 우리는 희망 속에서 실망당하는 법이 없습니다. 왜냐하면 하느님은 우리에게 성령을 주셨고, 하느님은 성령을 통하여 하느님이 우리를 사랑하고 있다는 확신으로 우리 마음을 가득 채웠습니다.

(로마 5,1-5)

Alle Enden der Erde sahen das Heil unsres Gottes.

우리 하느님의 구원을, 온 세상 땅 끝마다 모두 보았네. (시편 98,3)

Es ist erschienen *die heilsame Gnade Gottes* allen Menschen.

모든 사람에게 구원을 가져다주는 하느님의 은총이 나타났습니다.

(티토 2,11)

*

*Es*는 '허사'(虛辭)('Platzhalter')로서 진짜 주어 *die heilsame Gnade Gottes*를 강조되는 '레마' 자리로 옮길 수 있게 하는 역할을 담당하며, 진짜 주어가 문두에 오면 없어진다: *Die heilsame Gnade Gottes ist allen Menschen erschienen.*

Du bist mein Gott. Sei mir gnädig, o Herr! Den ganzen Tag rufe ich zu dir. Herr, erfreue deinen Knecht; denn ich erhebe meine Seele zu dir. Herr du bist gütig und bereit zu verzeihen, für alle, die zu dir rufen, *reich an Gnade.*

당신은 저의 하느님이십니다, 저에게 자비를 베푸소서, 오 주님! 당신께 온종일 부르짖으니, 주님, 당신 종의 영혼을 기쁘게 하소서; 저는 당신께 제 영혼을 들어 올립니다. 주님, 당신은 어지시고 기꺼이 용서하시는 분이시니, 당신을 부르는 모든 이에게 은혜가 크십니다. (시편 86장,3-5절)

*

reich an Gnade: '은총이 풍부한'

Gott, richte uns wieder auf! Lass dein Angesicht leuchten, dann ist uns geholfen.

하느님, 저희를 다시 일으켜 세워주소서! 당신 얼굴을 비추소서. 저희가 구원되리이다. (시편 80,4)

Samuel aber sagte: *Hat* der Herr *an Brandopfern und Schlachtopfern das gleiche Gefallen* wie am Gehorsam gegenüber der Stimme des Herrn? Wahrhaftig, *Gehorsam* ist besser als Opfer, Hinhören besser als das Fett von Widdern."

그러자 사무엘이 말하였다: "주님의 말씀에 복종하는 것보다 번제물이나 희생 제물을 바치는 것을 주님께서 똑같이 좋아하실 것 같습니까? 참으로, 주님의 말씀에 복종하는 것이 제물을 드리는 것보다 더 좋고, 말씀을 명심하는 것이 숫양의 굳기름보다 낫습니다. (1사무 15,22)

*

an etw.[3] *Gefallen haben*: '무엇을 좋아하다'
Gehorsam: 'Gehorsam gegenüber der Stimme des Herrn'

Jesus antwortete ihr: Wer von diesem Wasser trinkt, wird wieder Durst bekommen; wer aber von dem Wasser trinkt, das ich ihm geben werde, wird niemals mehr Durst haben; vielmehr wird das Wasser, das ich ihm gebe, in ihm zur sprudelnden Quelle werden, deren Wasser ewiges Leben schenkt.

예수님께서 그 여자에게 이르셨다: "이 물을 마시는 자는 누구나 다시 목마를 것이다; 그러나 내가 주는 물을 마시는 사람은 영원히 목마르지 않을 것이다; 내가 주는 물은 오히려 그 사람 안에서 영원한 생명을 주는 물이 솟아나는 샘이 될 것이다." (요한 4,13-14)

Weil seine Seele sich abgemüht hat,
wird er das Licht schauen
und die Fülle haben.

그의 영혼이 수고했기 때문에, 그는 빛을 볼 것이고, 충만함을 가질 것이다. (이사 53,11)

*———

sich abmühen: '수고하다'

Jesus spricht: *Will mir jemand nachfolgen, der verleugne sich selbst und nehme sein Kreuz auf sich und folge mir.*

예수님께서 말씀하신다: "누구든지 내 뒤를 따르려면, 자신을 부인하고 자신의 십자가를 자기 등에 짊어지고 나를 따르라." (마태 16,24)

*———

Will mir jemand nachfolgen: *Wenn jemand mir nachfolgen will*에서 *wenn*을 생략한 부문장 형태이다.
der verleugne sich selbst und nehme sein Kreuz auf sich und folge mir: *verleugne*와 *nehme*와 *folge*는 '접속법 1식'으로서 '3인칭 단수에 대한 명령'의 기능을 수행한다.

Ja, Gott ist meine Rettung;
ihm will ich vertrauen und niemals verzagen.

오, 하느님은 나의 구원이시다;
나는 그분을 신뢰하고자 한다, 그리고 나는 결코 용기를 잃지 않을 것이다. (이사 12,2)

Fürchte dich nicht, ich bin mit dir; weiche nicht, denn ich bin dein Gott. Ich stärke dich, ich helfe dir auch, ich halte dich durch die rechte Hand meiner Gerechtigkeit.

내가 너와 함께 있으니 두려워하지 마라; 내가 너의 하느님이니 피하지 마라. 내가 너의 힘을 북돋우고 너를 도와주리라, 그리고 나는 내 정의의 오른 팔로 너를 붙들어 주리라. (이사 41,10)

*

sich fürchten: '두려워하다'

Wer unter dem Schirm des Höchsten sitzt
und unter dem Schatten des Allmächtigen
bleibt, der spricht zu dem Herrn: Meine
Zuversicht und meine Burg, mein Gott,
auf den ich hoffe.

최고로 높은 자의 우산 아래에 앉아있고,
전능한 자의 그림자 아래에 머무는 자는
주님에게 말한다: 나의 확신이자 나의 성(城),
내가 희망을 두는 나의 하느님. (시편 91,1-2)

*

auf jn. hoffen: '누구에게 희망을 두다':
ich hoffe auf meine Genesung '나는 나의 건강이 회복되기를 희망한다'

Gelobt sei Gott, der Vater unseres Herrn Jesus Christus, der uns nach seiner großen Barmherzigkeit wiedergeboren hat zu einer lebendigen Hoffnung durch die Auferstehung Jesu Christi.

우리 주 예수 그리스도의 아버지 하느님께서 찬미 받으시기를! 하느님께서는 당신의 크신 자비로 예수 그리스도의 부활을 통해 우리를 생생한 희망으로 다시 태어

나게 하셨도다! (1베드 1,3)

Denn wir *wissen,* ***dass der, welcher Jesus, den Herrn, auferweckt hat, auch uns mit Jesus auferwecken und uns zusammen mit euch (vor sein Angesicht) stellen wird***.

왜냐하면 우리는 주 예수를 다시 살리신 분이 예수와 함께 우리도 다시 살리시고, 여러분과 함께 우리를 그분의 눈부신 얼굴 앞에 세우시리라는 것을 잘 알고 있기 때문이다. (2고린 4,14)

*———

der, welcher: 지시 대명사가 *der*이므로, 관계 대명사는 형태가 다른 *welcher*를 선택했다.
*wissen*은 논항 '명제내용'(Inhaltsträger)을 요구한다. 그러므로 *wissen*다음에 ***dass der, welcher Jesus, den Herrn, auferweckt hat, auch uns mit Jesus auferwecken und uns zusammen mit euch (vor sein Angesicht) stellen wird***. 라는 문장형태가 왔다.

Wohl dem Mann, der nicht dem Rat der Frevler folgt, nicht auf dem Weg der Sünder geht, nicht im Kreis der Spötter sitzt, sondern *Freude hat an der Weisung des Herrn, über seine Weisung nachsinnt* ***bei Tag und bei Nacht***.

Er ist wie ein Baum, der an Wasserbächen gepflanzt ist, der *zur rechten Zeit* seine Frucht bringt und dessen Blätter nicht welken. *Alles, was* er tut, wird *ihm gut gelingen.*

악인들의 충고에 따르지 않고 죄인들의 길을 걷지 않으며 조롱하는 자들의 주위에 앉지 않는 사람, 오히려 주님의 가르침에 기뻐하고 밤이나 낮이나 그분의 가르침을 곰곰이 생각하는 사람에게 복이 있을지어라. 그는 시냇가에 심겨져서 제때에 열매를 맺으며 잎이 시들지 않는 나무와 같다. 그가 하는 모든 일이 성공하리라.

(시편 1,1-3)

*

an etw.[3] *Freude haben*: '어떤 일에 기쁨을 갖다'
über etw.[4] *nachsinnen*: '....에 대해 심사숙고하다'
bei Tag und bei Nacht: '밤낮으로'; 강조하기 위해서 문장 끝의 '레마'자리에 두었다.
zur rechten Zeit: '제때에'
Alles, was: 부정 대명사(Indefinitpronomen) *alles*는 관계 대명사 *was*가 받아 주어야 한다.
jm. gelingen: '누구에게 성공되다'

Ja, wer dir fern ist, *geht zugrunde*; du vernichtest alle, die dich treulos verlassen.

Ich aber - Gott nahe zu sein ist mein Glück. *Ich setze auf Gott, den Herrn, mein Vertrauen.* Ich will all deine Taten verkünden.

보소서, 당신에게서 멀어진 자들은 멸망합니다; 당신을 배신한 자를 당신께서는 모두 없애버리십니다. 그러나 저는 하느님 곁에 있어 행복합니다. 저는 주 하느님을 신뢰하고, 당신의 모든 업적을 알리렵니다. (시편 73, 27-28)

*

zugrunde gehen: '멸망하다'
auf jn. sein Vertrauen setzen: '누구를 신뢰하다'

Gott, der Herr, spricht: Und siehe, ich bin mit dir und will dich behüten, wo du hinziehst.

하느님이신 주님께서는 말한다: 그리고 보아라, 나는 너와 함께 있으면서 네가 어디로 가든지 너를 보호하겠다. (창세 28,15)

Wohl denen, die wohnen in deinem Haus, die dich allezeit loben.
Wohl den Menschen, die Kraft finden in dir, wenn sie sich zur Wallfahrt rüsten.

당신 집에 살면서, 항상 당신을 찬양하는 사람들에게 복이 있을지어라.
순례 채비를 할 때, 당신 안에서 힘을 얻는 사람들에게 복이 있을지어라.
(시편 84,5-6)

*—

wohl jm.: '...에게 복이 있을지어라!'
sich zur Wallfahrt rüsten: '순례 채비를 하다'

Darum *legt alles Schmutzige und Böse ab,* seid sanftmütig und *nehmt euch das Wort zu Herzen,* das in euch eingepflanzt worden ist und das die Macht hat, euch zu retten.

그러므로 모든 더러움과 악을 다 벗어버리고, 온유하여라 그리고 너희들 안에 심어진 그 말씀을 마음에 새기라, 그 말씀에는 여러분의 영혼을 구원할 힘이 있노라. (야고 1,21)

*—

etw.[4] *ablegen*: '무엇을 벗다'
sich[3] *das Wort zu Herzen nehmen*: '그 말씀을 자신의 마음에 새기다'; *sich*[3]는 '소유의 3격'으로서 '신체의 일부'인 *Herzen*의 소유주를 나타낸다.

Glaube an den Herrn Jesus, so wirst du und dein Haus selig!

주 예수를 믿으라, 그러면 너와 네 집안이 복을 받을 것이다!

(사도 16,31)

*———

selig: ‘des ewigen Lebens/der himmlischen Wonnen teilhaftig’(영원한 생명/천상의 기쁨을 갖게 되는)

Ihr seid mit Christus auferweckt; darum *strebt nach dem, was im Himmel ist, wo Christus zur Rechten Gottes sitzt.*

너희들은 그리스도와 함께 부활되었다; 그러므로 하느님의 오른편에 앉아있는 그리스도가 계신 곳, 하늘 나라에 있는 존재를 추구하라.

(콜로 3,1)

*———

nach etw.[3] *streben*: ‘....을 추구하다’
dem, was: ‘지시 대명사’ *das*는 ‘관계 대명사’ *was*가 받아주어야 한다.
wo: ‘관계 부사’로서 앞의 *im Himmel*을 받아준다. 그러므로 ‘하늘나라에서는 그리스도가 하느님의 오른 쪽에 앉아 있다’는 의미가 된다.

Sei treu bis in den Tod;
dann werde ich dir den Kranz des Lebens geben.

죽음에 이를 때까지 성실하라; 그러면 나는 너에게 생명의 꽃을 주겠다.

(묵시 2,10)

Als er das sagte, rief eine Frau aus der Menge ihm zu: Selig die Frau, deren Leib dich getragen und deren Brust dich genährt hat. Er aber erwiderte: Selig sind vielmehr die, die das Wort Gottes hören und es befolgen.

예수님께서 이 말씀을 하고 계실 때에, 군중 속에서 어떤 여인이 목소리를 높여 예수님께 말하였다: "선생님을 배었던 모태와 선생님께 젖을 먹인 가슴의 주인인 여인은 행복합니다." 그러나 그는 의외로 대답하셨다: "하느님의 말씀을 듣고 지키는 이들이 오히려 행복하다." (루카 11,27-28)

Wer ist meine Mutter, und wer sind meine Brüder? Und er streckte die Hand über seine Jünger aus und sagte: Das hier sind meine Mutter und meine Brüder. Denn wer den Willen meines himmlischen Vaters erfüllt, der ist für mich Bruder und Schwester und Mutter.

"누가 내 어머니이고, 누가 내 형제들이냐?" 그리고 그는 그의 제자들을 가리키시며 "바로 이 사람들이 내 어머니이며 내 형제들이다. 왜냐하면 하늘에 계신 내 아버지의 뜻을 실천하는 사람이면 누구나 다 나에게 형제이고 자매이고 어머니이기 때문이다." (마태 12,48-50)

Herr, deine Hand komme auf mich herab und deine Hilfe, wie du es verheißen hast.

Dann kann ich dem, der mich schmäht, erwidern; denn ich vertraue auf dein Wort.

Entziehe meinem Mund nicht das Wort der Wahrheit! Ich hoffe so sehr auf deine *Entscheide*. Ich will deiner Weisung beständig folgen, auf immer und ewig.

주님, 약속하신대로 당신의 구원의 손길이, 당신의 도움이 저에게 다다르게 하소서.

그러면 저를 모욕하는 자에게 대답할 말이 있으리니; 왜냐하면 저는 당신 말씀을 신뢰하기 때문입니다. 당신 판결들에 희망을 두니, 제 입에서 진리의 말씀을 결코 거두어가지 마소서!

저는 당신의 가르침을 항상 그리고 영원히 지키오리다.

*

Entscheid: der, -e 판결, 결정(Entscheidung)

Dann schreite ich aus auf freier Bahn; denn ich *frage nach deinen Befehlen.*

Deine Gebote will ich vor Königen bezeugen und *mich* nicht vor ihnen *schämen.*

An deinen Geboten habe ich meine Freude, ich liebe sie von Herzen.

Ich erhebe meine Hände zu deinen Geboten; ***nachsinnen*** will ich *über deine Gesetze.*

그 다음에 저는 시야가 탁 트인 넓은 곳으로 성큼성큼 걸어나가리다; 왜냐하면 저는 당신의 명령이 무엇인지 항상 묻기 때문입니다. 당신의 계명들을 임금들 앞에서 증언하며, 그들 앞에서 부끄러워하지 않으오리다. 저는 당신의 계명으로 기뻐하고, 그 계명들을 진심으로 사랑하나이다. 저는 당신의 계명들을 향해 제 두 손을 높이 쳐들고, 당신의 법령들에 대해서 묵상하오리다. (시편 119,41-48)

*

nach etw.[3] fragen: '무엇을 문의하다'
sich schämen: '부끄러워하다'
über etw.[4] nachsinnen: '에 대해 심사숙고하다'; ***nachsinnen***을 강조하여 문두에 두어 '테마'로 삼았다.

Der Herr ist mein Hirte, *nichts wird mir fehlen*, Er läßt mich lagern auf grünen Auen und führt mich zum Ruheplatz am Wasser. Er *stillt mein Verlangen*; er leitet mich auf rechten Pfaden, *treu seinem Namen. Muss ich auch wandern in finsterer Schlucht*, ich fürchte kein Unheil; denn du bist mei mir, dein Stock und dein Stab geben mir Zuversicht. Du *deckst* mir *den Tisch* vor den Augen meiner Feinde. Du salbst mein Haupt mit Öl, du füllst mir reichlich den Becher. Lauter Güte und Huld werden mir folgen mein Leben lang, und im Haus des Herrn darf ich wohnen für lange Zeit.

주님은 나의 목자, 나에게는 아쉬울 것이 없을 것입니다. 주님은 푸른 풀밭에 나를 쉬게 하시고, 물가의 쉼터로 나를 이끄시어 내 열망을 들어주시고, 바른 길로 나를 이끌어 주시니, 당신 이름에 걸맞게. 제가 비록 어둠의 골짜기를 간다 하여도 어떤 재앙도 두려워하지 않으리니, 그 까닭은 당신께서 저와 함께 계시기 때문이고 당신의 막대와 지팡이가 제게 확신을 주기 때문입니다. 당신께서 저의 원수들 앞에서 저에게 상을 차려 주시고, 제 머리에 향유를 발라 주시고, 저의 술잔도 가득 채워 주십니다. 저의 한 평생 모든 날에 호의와 자애만이 저를 따르리니, 저는 오래오래 주님 집에 살 수 있을 것입니다. (시편, 23,1-6)

*

etwas fehlt jm.: '누구에게 무엇이 결핍되다'
mein Verlangen stillen: '내 요구를 충족시켜준다'
seinem Namen treu: '그의 이름에 성실하게/걸맞게'
*Muss ich auch wandern in finsterer Schlucht: wenn ich auch in finsterer Schlucht wandern muss*에서 *wenn*을 생략한 부문장의 형태이다.
den Tisch decken: '상을 차려주다'

Was meint ihr? Wenn jemand hundert Schafe hat und eines von ihnen *sich verirrt*, lässt er dann nicht die neunundneunzig auf den Bergen zurück und sucht das verirrte?

Und wenn er es findet - amen, ich sage euch: er freut sich über dieses eine mehr als über die neunundneunzig, die sich nicht verirrt haben. So will auch euer himmlischer Vater nicht, dass einer von diesen Kleinen *verlorengeht*.

너희는 어떻게 생각하느냐? 어떤 사람에게 양 백 마리가 있는데 그 가운데 한 마리가 길을 잃으면, 그는 아흔아홉 마리를 산에 남겨 둔 채 갈 잃은 양을 찾아 나서지 않느냐? 그가 양을 찾게 되면, 내가 진실로 너희에게 말하는데: 길을 잃지 않은 아흔아홉 마리보다 이 한 마리에 대해 더 기뻐한다. 이와 같이 이 작은 이들 가운데 하나라도 없어지는 것을 하늘에 계신 너희 아버지가 원치 않으신다.

(마태 18,12-14):

*

sich verirren: '길을 잃다'
verlorengehen: '없어지다'

<Loblied auf den Heilsplan Gottes>

Gepriesen sei der Gott und Vater unseres Herrn Jesus Christus: Er hat uns mit allem Segen seines Geistes gesegnet durch unsere Gemeinschaft mit Christus im Himmel.

Denn in ihm hat er uns erwählt vor der Erschaffung der Welt, damit wir heilig und untadelig leben vor Gott;

<하느님의 구원 계획에 대한 찬송가>

우리 주 예수 그리스도의 아버지 하느님께서 찬미 받으시기를 빕니다: 하느님께서는 하늘나라에서 그리스도와 우리가 함께 하는 것을 통해서 하느님의 온갖 영적인 축복을 우리에게 내리셨습니다. 왜냐하면 하느님은 우리가 당신 앞에서 성스럽고

흠 없이 살도록 하기위해서, 세상이 창조되기 이전에 그리스도 안에서 우리를 선택하셨기 때문입니다.

er hat uns aus Liebe *im voraus dazu bestimmt, seine Söhne zu werden durch Jesus Christus und nach seinem gnädigen Willen zu ihm zu gelangen, zum Lob seiner herrlichen Gnade. Er hat* ***sie*** *uns geschenkt in seinem geliebten Sohn.*

하느님은 사랑에서 우러나 이미 우리가 예수 그리스도를 통하여 당신의 자녀가 되어, 그분의 자비로운 뜻에 따라 하느님에게 가 닿아, 당신의 위대한 은총을 찬양하게끔 정하셨습니다. 그분은 당신의 사랑하는 아들 안에서 우리들에게 은총을 주셨습니다. (에페 1,3-6)

---

im voraus: '미리'
jn, dazu bestimmen, zu....: '누구를 ....하도록 결정하다'
zu jm. gelangen: '누구에게 도달하다'
Er hat ***sie*** *uns geschenkt in seinem geliebten Sohn:* ***sie***는 *seine herrliche Gnade*를 받는다. 3격과 4격의 대명사가 함께 올 때는 4격이 3격 앞에 온다.

Ich bin der Weinstock, ihr seid die Reben. *Wer in mir bleibt und in wem ich bleibe, der bringt reiche Frucht*;

나는 포도나무요, 너희는 가지들이다. 내 안에 머무르는 이, 내가 머무르는 그 사람 또한 풍요로운 결실을 맺는다. (요한 15,5)

Jesus antwortete ihnen: Geht und berichtet Johannes, was ihr hört und seht: *Blinde sehen wieder, und Lahme gehen; Aussätzige werden rein;*

Taube hören; Tote stehen auf, und den Armen wird das Evangelium verkündet. Selig ist, wer an mir keinen Anstoß nimmt.

예수님께서 그들에게 대답하셨다: 가서 요한에게 너희가 듣고 보는 것을 고하여라: "눈먼 이들이 다시 보고, 불구자들이 걸으며, 나병환자들이 깨끗해지고, 귀머거리들이 들으며, 죽은 이들이 되살아나고, 가난한 들에게 복음이 선포된다. 나에게 의심을 품지 않는 자는 복되도다." (마태 11,4-6)

*—

an jm. Anstoß nehmen: '누구에게 반감을 느끼다'

Denn das Lamm in der Mitte vor dem Thron wird sie weiden und zu *den Quellen* führen, aus *denen* das Wasser des Lebens strömt, und Gott wird alle Tränen von ihren Augen abwischen.

왜냐하면 어좌 앞 한가운데 계신 어린 양이 목자처럼 그들을 돌보시고, 생명의 물이 넘쳐 흘러나오는 샘들로 그들을 이끌어 주실 것이기 때문이다, 그리고 하느님께서는 그들의 눈에서 모든 눈물을 닦아 주실 것이다. (묵시 7,17)

*—

관계 대명사 *denen*은 '전방 지시사'(Anapher)로서 앞의 명사 *den Quellen*을 받아준다.

<Jesu Gemeinschaft mit Zolleinnehmern und Sündern>

Später war Jesus im Haus des Matthäus zu Gast. Viele Zolleinnehmer und andere Leute, die als Sünder galten, waren gekommen und nahmen zusammen mit ihm und seinen Jüngern an dem Essen teil. Als die Pharisäer das sahen, sagten sie zu den Jüngern: »Wie kann euer Meister nur zusammen mit Zolleinnehmern und Sündern essen?« Jesus hörte das und erwiderte: »Nicht die Gesunden brauchen den Arzt, sondern die Kranken. Geht und denkt einmal darüber nach, was jenes Wort bedeutet: ›Barmherzigkeit will ich und nicht Opfer!‹ Dann versteht ihr, dass ich nicht gekommen bin, um Gerechte zu rufen, sondern Sünder.«

<세리들과 죄수들과의 예수님의 합석>

나중에 예수님께서는 마태오의 집에 손님으로 계셨는데, 마침 많은 세리들과 죄인들로 여겨지는 다른 사람들도 와서 예수님과 그분의 제자들과 식사를 함께하였다. 그것을 본 바리사이들이 그분의 제자들에게 말하였다: "어찌하여 당신네 스승은 세리들과 죄인들과만 함께 음식을 먹는 것이오?" 예수님께서 이 말을 들으시고 그들에게 대답하셨다: "건강한 이들은 의사가 필요하지 않고, 병든 이들이 의사를 필요로 한다. 너희는 가서 '내가 바라는 것은 희생 제물이 아니라 자비다!'하신 말씀이 무슨 뜻인지 한번 곰곰이 생각해보아라. 그러면 너희는 내가 정의로운 사람들이 아니라 죄인들을 부르러 왔다고 한 말을 이해할 수 있을 것이다." (마태 9, 10-13)

<Was die Gemeinde zu einer Einheit macht>

Als einer, der für sein Bekenntnis zum Herrn im Gefängnis ist, bitte ich euch nun: Denkt daran, dass Gott euch zum Glauben gerufen hat, und führt ein Leben, das *dieser Berufung würdig* ist! Keiner soll sich über den anderen erheben. Seid vielmehr allen gegenüber freundlich und geduldig und *geht* nachsichtig und liebevoll *miteinander um*. Setzt alles daran, die Einheit zu bewahren, die Gottes Geist euch geschenkt hat; sein Frieden ist das Band, das euch zusammenhält.

<교회를 하나로 만들어주는 것>

주님을 향한 고백 때문에 감옥에 있게 된 한 사람으로서 나는 여러분에게 권고합

니다: 하느님이 여러분을 신앙으로 부르신 것을 생각하고, 이 부르심에 합당하게 살아가라! 그 누구도 다른 사람을 얕보지 말고, 모든 사람을 친절하게 인내심을 가지고 대하고, 관용과 사랑으로 서로 어울려라. 성령께서 여러분에게 선물한 화합을 유지하도록 모든 노력을 다하라; 하느님의 평화가 너희를 함께 묶어주는 끈이다.

*
dieser Berufung würdig: '이 부름의 가치에 맞게; 이 부름에 합당하게'
mit jm. umgehen: '누구와 교제하다'

Mit »Einheit« meine ich dies: ein Leib, ein Geist und genauso auch eine Hoffnung, die euch gegeben wurde, als Gottes Ruf an euch erging; ein Herr, ein Glaube, eine Taufe, ein Gott und Vater von uns allen, der über alle regiert, durch alle wirkt und in allen lebt. *Jedem Einzelnen von uns hat* Christus *einen Anteil an den Gaben gegeben*, die er in seiner Gnade schenkt; jedem hat er seine Gnade in einem bestimmten Maß zugeteilt.

"화합"으로 나는 이것을 말합니다: "하느님께서 여러분을 부르실 때에 하나의 희망을 주신 것처럼, 그리스도의 몸도 하나이고 성령도 한 분이십니다; 주님도 한 분이시고 믿음도 하나이며 세례도 하나이고, 우리 모두의 아버지이신 하느님도 한 분이십니다. 그분은 만물 위에 지배하시고, 만물을 통하여 작용하시고 만물 안에 살아계십니다. 그리스도께서는 우리 모두에게 그의 은총 안에서 주는 선물들을 받게 했습니다; 모두에게 그리스도는 그의 은총을 일정한 정도로 나누어 주었습니다.

(에페소 4,1-7)

*
Anteil an etw. haben: 'an etw. beteiligt sein'

Er hat ihr die Apostel gegeben, die Propheten, die Evangelisten, die Hirten und Lehrer. Sie haben die Aufgabe, diejenigen, die zu Gottes heiligem Volk gehören, für ihren Dienst auszurüsten, damit die Gemeinde, der Leib von Christus, aufgebaut wird. Das soll dazu führen, dass wir alle in unserem Glauben und in unserer Kenntnis von Gottes Sohn zur vollen Einheit gelangen und dass wir eine Reife erreichen, deren Maßstab Christus selbst ist in seiner ganzen Fülle.

그분께서 교회에 사도들과 예언자들, 복음 선포자들과 목자들과 교사들을 주셨습니다. 그들은 그리스도의 몸인 교회가 구축되도록, 성도들이 맡은 바를 잘 하도록 준비시키는 과제를 갖고 있습니다. 그리하여 우리가 모두 하느님의 아드님에 대한 믿음과 지식에서 완전한 일치를 이루고, 그 충만함에서 그리스도 자신과 똑같이 성숙한 인간이 되어야 할 것입니다. (에페소4,11-13)

Als Jesus die vielen Menschen sah, stieg er auf einen Berg. Er setzte sich, und seine Jünger traten zu ihm. Dann begann er zu reden und lehrte sie.

예수님은 그 많은 사람들을 보았을 때, 산 위로 올라가셨습니다. 그는 앉았습니다, 그리고 그의 제자들이 그에게 다가왔습니다. 그 때 그는 말하기 시작했고 그들을 가르쳤습니다.

<Die Seligpreisungen>

<참행복으로 찬양하기> (마태 5,3-12)

Er sagte:

그는 말했다:

Selig, die arm sind vor Gott; denn ihnen gehört das Himmelreich.

하느님 앞에서 마음이 가난한 사람들은 행복하다; 왜냐하면 하늘나라가 그들의 것이기 때문이다.

Selig die Trauernden; denn sie werden getröstet werden.

슬퍼하는 사람들은 행복하다; 왜냐하면 그들은 위로를 받을 것이기 때문이다.

Selig, die keine Gewalt anwenden; denn sie werden das Land erben.

폭력을 행사하지 않는 온유한 사람들은 행복하다; 왜냐하면 그들은 땅을 상속받을 것이기 때문이다.

Selig, die *hungern und dürsten nach der Gerechtigkeit*; denn sie werden satt werden.

정의에 주리고 목마른 사람은 행복하다; 왜냐하면 그들은 배부를 것이기 때문이다.

*

nach etw.^{3} *hungern*: '...에 굶주리다/.....를 갈구하다'
nach etw.^{3} *dürsten*: <시어> '...을 목말라하다/갈망하다'

Selig die Barmherzigen; denn sie werden Erbarmen finden.

자비로운 사람들은 행복하다; 왜냐하면 그들은 자비를 받을 것이기 때문이다.

Selig, die ein reines Herz haben; denn sie werden Gott schauen.

마음이 깨끗한 사람은 행복하다; 왜냐하면 그들은 하느님을 뵙게 될 것이기 때문이다.

Selig, die Frieden *stiften*; denn sie werden Söhne Gottes genannt werden.

평화를 가져오는 사람들은 행복하다; 왜냐하면 그들은 하느님의 자녀라 불릴 것이기 때문이다.

*

stiften: 'herbeiführen'

Selig, die um der Gerechtigkeit willen verfolgt werden; denn ihnen gehört das Himmelreich.

옳은 일을 하다가 박해를 받는 사람들은 행복하다; 왜냐하면 하늘나라가 그들의 것이기 때문이다.

Selig seid ihr, wenn ihr um meinetwillen beschimpft und verfolgt und auf alle mögliche Weise verleumdet werdet.

너희가 나 때문에 욕을 듣고 박해를 박으며 온갖 방법으로 비난을 받게 되면, 너희는 행복하다.

Freut euch und jubelt: Euer Lohn im Himmel wird groß sein. Denn so wurden schon vor euch die Propheten verfolgt.

기뻐하고 환호하여라: "하늘에서 너희가 받을 상이 클 것이다. 왜냐하면 사실 너희에 앞서 예언자들도 이미 그렇게 박해를 받았기 때문이다."

Der Herr ist mein Licht und mein Heil: Vor wem sollte ich mich fürchten? Nur *eines erbitte* ich vom Herrn, danach verlangt mich: Im Haus des Herrn zu wohnen alle Tage meines Lebens, die Freundlichkeit des Herrn zu schauen und nachzusinnen in seinem Tempel. Ich aber bin *gewiß, zu schauen die Güte des Herrn im Land der Lebenden.* Hoffe auf den Herrn, und sei stark! Hab festen Mut, und hoffe auf den Herrn!

주님은 나의 빛이요 나의 구원이다: "내가 누구를 두려워하랴? 주님께 청하는 오직 한 가지, 나는 그것을 요구하니: 내 한평생 주님의 집에 살며, 주님의 친절함을 바라보고, 그분의 성전에서 명상하는 것이라네. 나는 살아있는 자들의 땅에서, 주님의 어지심을 보리라 확신하나이다. 주님께 희망을 두라, 그리고 힘을 내어라! 마음을 굳게 가져라, 그리고 주님께 희망을 두라! (시편 27, 1.4.13-14)

*———

eines erbitten: *um eines bitten*이 *erbitten*이 와서 4격인 *eines*가 오게 되었다.
gewiß, zu ....: '....할 것을 확신한다'

Erweise uns, Herr, deine Huld, und gewähre uns dein Heil!
Sein Heil ist denen nahe, die ihn fürchten. Seine Herrlichkeit *wohne* in unserm Land. Es begegnen einander Huld und Treue; Gerechtigkeit und Friede küssen sich.
Treue sproßt aus der Erde hervor; Gerechtigkeit blickt vom Himmel hernieder.
Auch spendet der Herr dann Segen, und unser Land *gibt seinen*

Ertrag.

Gerechtigkeit geht vor ihm her, und *Heil folgt der Spur seiner Schritte*.

주님, 저희에게 당신 자애를 보이시고, 당신 구원을 베풀어 주소서. 그분을 경외하는 이에게 그분의 구원이 가까우니, 그의 영광이 우리 땅에 살리라. 자애와 신의가 서로 만나고, 정의와 평화가 서로 입을 맞추리라. 신의가 땅에서 돋아나고, 정의가 하늘에서 굽어보리라. 그 다음에 주님이 또한 축복을 베푸시어, 우리 땅이 열매를 맺으리라. 정의가 그분에 앞서서 걸어가고, 구원이 그분의 발걸음을 따라오리라.

(시편 85, 8과 10. 11-12.13-14)

*———

wohne: '접속법 1식'으로서 3인칭 단수에 대한 명령을 나타낸다.

Heil folgt der Spur seiner Schritte: '그 분이 구원을 가지고 온다'는 의미이다.

seinen Ertrag geben: '그 땅의 수확물을 산출하다'

Denn Gott hat die Welt *so* sehr geliebt, *dass* er seinen einzigen Sohn hingab, damit jeder, der an ihn glaubt, *nicht zugrunde geht*, *sondern* das ewige Leben hat.

왜냐하면 하느님께서는 세상을 너무나 사랑하신 나머지, 그를 믿는 사람은 누구나 멸망하지 않고 영원한 생명을 얻도록 하기위해서 자신의 외아들을 내주셨다.

(요한 3,16)

*———

so..., dass: '너무 ....한 결과...했다'

nicht, sondern: ',,,이 아니라 ....이다'

zugrunde gehen: '멸망하다'

Vertrau auf den Herrn und tu das Gute, bleib wohnen im Land und bewahre Treue!

Freu dich innig am Herrn! Dann gibt er dir, was dein Herz begehrt.

주님을 믿으며 좋은 일을 하고, 이 땅에서 계속 살면서 신의를 지켜라! 주님 안에서 마음으로 즐거워 하라! 그러면 네 마음이 갈망하는 것을 그분이 너에게 주시리라.

(시편 37,3-4.)

Befiehl dem Herrn deinen Weg und vertrau ihm; er wird es fügen. Er *bringt* deine Gerechtigkeit *heraus* wie das Licht und dein Recht so hell wie den Mittag.

주님께 네 길을 맡기고 그를 신뢰하여라; 그 분이 몸소 해주시리라. 주님은 너의 정의로움을 빛처럼 널리 알리시고, 너의 공정함을 대낮처럼 밝히시리라.

(시편 37,5-6)

*———

herausbringen: 'hervorbringen'

<Die Frage nach der Rangordnung unter den Jüngern>

Unter den Jüngern *kam* die Frage *auf*, wer von ihnen wohl der Größte sei. Jesus wusste, was in ihren Herzen vorging. Er nahm ein Kind, stellte es neben sich und sagte: »Wer dieses Kind um meinetwillen aufnimmt, der nimmt mich auf; und wer mich aufnimmt, nimmt den auf, der mich gesandt hat. Wirklich groß ist der, der unter euch allen der Geringste ist.«

<제자들의 위계에 대한 질문>

그들 중에서 누가 가장 위대한 사람이냐 하는 질문이 제자들 사이에서 나왔다. 예수님께서는 그들 마음속의 생각을 아시고 어린이 하나를 데려다가 자기 옆에 세우신 다음 말씀하셨다: "누구든지 이 어린이를 나를 위해서 받아들이면, 그는 나를 받아들이는 것과 마찬가지이다; 그리고 나를 받아들이는 사람은 나를 보내신 분을 받아들이는 것이다. 너희 가운데에서 가장 보잘것없는 사람이야말로 가장 위대한 사람이다." (루카 9,46-48)

*―――――――――――――――――――――――――――――――

aufkommen: '*unvermutet entstehen*'

Dein Volk dagegen nährtest du mit *der Speise der Engel,* und unermüdlich gabst du ihm fertiges Brot vom Himmel. *Deine Gabe* gewährte jeden Genuss und entsprach jedem Geschmack; *sie* offenbarte deine zarte Liebe zu deinen Kindern. Sie *erfüllte das Verlangen* eines jeden, der sie genoss, und verwandelte sich in *alles, was einer wollte.*

그러나 당신의 백성은 당신께서 천사들의 음식으로 먹여 살리셨습니다. 당신께서는 지치지 않고 그들에게 완성된 빵을 하늘에서 마련해 주셨습니다. 당신의 선물은 갖가지 맛을 낼 수 있는 것이었으며, 모든 사람의 입맛에 맞는 것이었습니다; 당신의 음식은 자녀들을 향한 당신의 부드러운 사랑을 드러내는 것으로, 그것을 받아먹는 모든 사람의 소원을 채워주고, 저마다 원하는 모든 것으로 모양이 변화하는 양식이었습니다. (지혜 16,20-21)

*―――――――――――――――――――――――――――――――

*sie*는 *die Speise der Engel*과 *Deine Gabe*와 같은 대상을 나타낸다 (Referenzidentität).
das Verlangen erfüllen: '소원을 이루어주다'

alles, was: alles, nichts 등의 부정 대명사(Indefinitpronomen)로 된 선행사는 관계 대명사 *was* 가 받아주어야 한다.

<Vom Salz der Erde und vom Licht der Welt>

Ihr seid das Salz der Erde. Wenn das Salz seinen Geschmack verliert, womit kann man es wieder salzig machen? Es taugt zu nichts mehr; es wird weggeworfen und von den Leuten zertreten. Ihr seid das Licht der Welt. Eine Stadt, die auf einem Berg liegt, kann nicht *verborgen bleiben.* Man zündet auch *nicht* ein Licht an und stülpt ein Gefäß darüber, *sondern* man stellt es auf den Leuchter; dann leuchtet es allen im Haus. So soll euer Licht vor den Menschen leuchten, *damit sie eure guten Werke sehen und euren Vater im Himmel preisen.*

<지구의 소금과 세상의 빛에 대해서>

너희는 지구의 소금이다. 그러나 소금이 제 맛을 잃으면, 무엇으로 그것을 다시 짜게 할 수 있겠느냐? 그것은 아무것에도 더 이상 쓸모가 없으니, 밖에 버려져서 사람들에게 짓밟힐 따름이다. 너희는 세상의 빛이다. 산 위에 자리 잡은 도시는 계속 감추어져 있을 수 없다. 등불은 켜서 함지 속이 아니라 등경 위에 놓는다. 그렇게 하여 그것이 집 안에 있는 모든 사람을 비춘다. 사람들이 너희의 착한 행실을 보고 하늘에 계신 너희 아버지를 찬양하게끔, 너희의 빛이 사람들 앞을 비추어야만 할 것이다. (마태 5,13-16)

*

verborgen bleiben: '계속 숨겨져 있다'

nicht ... , sondern ....: '....이 아니라, ...이다'

damit sie eure guten Werke sehen und euren Vater im Himmel preisen: *damit*는 '목적'을 나타낸다.

Wohl denen, deren Weg ohne Tadel ist, die leben nach der Weisung des Herrn.

Wohl denen, die seine Vorschriften befolgen und ihn suchen von ganzem Herzen, die kein Unrecht tun und auf seinen Wegen gehen.

행복하여라, 그 길이 온전한 이들, 주님의 가르침을 따라 사는 이들이여! 행복하여라, 그분의 규정들을 따르며 마음을 다하여 그분을 찾는 이들이여! 행복하여라, 불의를 저지르지 아니하고 그분의 길을 걷는 이들이여! (시편 119, 1-3)

*———

*Wohl denen*이 *von ganzem Herzen,* 과 *die kein Unrecht tun und auf seinen Wegen gehen* 사이에 생략되었다.

Du hast deine Befehle gegeben, damit man sie genau *beachtet*. Wären doch meine Schritte fest darauf gerichtet, deinen Gesetzen zu folgen!

당신께서는 규정들을 내리시어 사람들이 정확하게 그것들을 지키게 하셨습니다. 아, 당신 법령을 지킬 수 있도록, 저의 발걸음이 확고하였으면! (시편 119, 4-5)

*———

beachten: '준수하다/지키다'

Tu deinem Knecht Gutes, erhalt mich am Leben! Dann will ich dein Wort befolgen. Öffne mir die Augen für das Wunderbare an deiner Weisung!

당신 종에게 선을 베푸소서, 저를 살아있게 하소서! 그러면 저는 당신 말을 지키오리다. 제 눈을 열어 당신 가르침의 기적들을 바라볼 수 있게 하소서!

(시편 119, 17-18)

Jesus antwortete ihm: Wenn jemand mich liebt, wird er *an meinem Wort festhalten*; mein Vater wird ihn lieben, und wir werden zu ihm kommen und *bei ihm wohnen*.

예수님께서 그에게 대답하셨다: 누구든지 나를 사랑하면, 그는 내 말을 반드시 지킬 것이다; 그러면 내 아버지께서 그를 사랑하시고, 우리가 그에게 가서 그와 함께 살 것이다. (요한 14,23)

*

an meinem Wort festhalten: '...내 말을 확고하게 준수하다'
bei ihm wohnen: '그의 집에 살다'

Der Gott Jesu Christi, unseres Herrn, der Vater der Herrlichkeit, *gebe* euch den Geist der Weisheit und Offenbarung, damit ihr ihn erkennt. Er *erleuchte* die Augen eures Herzens, damit ihr versteht, zu welcher Hoffnung ihr durch ihn berufen seid, welchen Reichtum die Herrlichkeit *seines Erbes* den Heiligen schenkt.

우리 주 예수 그리스도의 하느님, 영광의 아버지께서 여러분에게 지혜와 계시의 영을 주어서 여러분이 그분을 알아보게 하소서. 그분의 부르심으로 여러분이 지니게 된 희망이 어떠한 것인지와, 성인들에게 선사될 그분의 정신적 유산의 영광이 얼마나 풍성한지를 여러분이 알게 되도록, 그분께서 여러분의 마음의 눈을 밝혀 주소서. (에페 1,17-18)

*

der Vater der Herrlichkeit, *gebe* euch den Geist der Weisheit und Offenbarung
Er *erleuchte* die Augen: *gebe*와 *erleuchte*는 '접속법 1식'으로서 '3인칭 단수에 대한 명령'의 기능을 수행한다.

seines Erbes: *das Erbe*는 '정신적 유산'을 뜻하고, *der Erbe*는 '상속인'을 뜻한다. 여기에서는 전자(前者)이다.

Doch das Auge des Herrn ruht auf allen, die ihn fürchten und ehren, die *nach seiner Güte ausschauen*; denn er will sie dem Tod entreißen und in der Hungersnot ihr Leben erhalten.

주님의 눈은 당신을 경외하는 이들에게, 당신의 자애를 바라는 모든 이들에게 머무르신다; 왜냐하면 주님은 그들의 목숨을 죽음에서 구하시고, 굶주릴 때 그들의 생명을 살리시고자 하기 때문이네. (시편 33,18-19)

*―――――――――――――――――――――――――――――――

nach seiner Güte ausschauen: ' 그의 자애를 얻으려고 시도하다'

<Der Weg zum Leben>

Die Weisheit belehrt ihre Söhne, sie mahnt eindringlich alle, die auf sie achten. Wer sie liebt, liebt das Leben, wer sie sucht, wird Gott gefallen. Wer sie ergreift, findet Ehre beim Herrn und wird unter Gottes Segen leben.

<생명으로의 길>

지혜는 자신의 아들들을 깨우쳐주고 지혜에 유념하는 모든 이들에게 강력하게 경고한다. 지혜를 사랑하는 사람은 생명을 사랑하고, 지혜를 찾는 이들은 하느님 마음에 들리라. 지혜를 붙드는 이는 주님께 영광을 받으리니, 가는 곳마다 주님께서 복을 주시리라.

Der Dienst an ihr ist Dienst am *Heiligtum*; *wer sie liebt, den liebt der Herr*. *Wer auf mich hört*, wird gerecht richten, wer mir zuhört, wohnt in meinen innersten Kammern. Hat er Vertrauen zu mir, wird er mich erlangen, auch seine Nachkommen werden mich besitzen.

지혜를 받드는 이들은 거룩하신 분을 섬기는 것이다; 지혜를 사랑하는 이들을 주님께서는 사랑하신다. 지혜에 순종하는 이는 정의롭게 판결을 내릴 것이고, 지혜에 귀 기울이는 이는 나의 가장 안쪽 방들에서 안전하게 살리라. 그가 지혜를 신뢰하면, 지혜를 얻을 것이고, 그의 후손들도 지혜를 얻게 되리라. (집회서 4,11-16)

*

Heiligtum: (1) '성지' (2) '성인'
wer sie liebt, den liebt der Herr: 관계문의 1격이 주문장에서는 4격이 되므로, 즉 격이 다르므로 *den*으로 바뀌었다.
Wer auf mich hört: 'Wer mir gehorcht'

<Vertrauen auf Gottes Macht und Huld>

Bei Gott allein kommt meine Seele zur Ruhe, von ihm kommt mir Hilfe. Nur er ist mein Fels, meine Hilfe, meine Burg; darum werde ich nicht wanken.

<하느님의 권능과 자애에 대한 신뢰>

내 영혼은 오직 하느님에게서만 안식을 얻네, 그분이 나를 도우신다네. 그분만이 나의 바위, 나의 도움, 나의 성채; 그러므로 나는 결코 흔들리지 않으리라.

(시편 62,2-3)

Bei Gott ist mein Heil, meine Ehre; Gott ist mein schützender Fels, meine Zuflucht.

Vertrau ihm, Volk (Gottes), zu jeder Zeit! *Schüttet euer Herz vor ihm aus!* Denn Gott ist unsere Zuflucht.

내 구원과 내 영광이 하느님께 있으며; 하느님은 나를 보호하는 바위, 내 피신처이시네. (하느님의) 백성들아, 언제나 그분을 신뢰하여라! 그분 앞에 너희 마음을 모두 쏟아 놓아라! 왜냐하면 하느님이 우리 피신처이기 때문이다. (시편 62,8-9)

*―――

Schüttet euer Herz vor ihm aus: '너희들의 속마음을 그에게 다 털어 놓아라'

Ihn habt ihr nicht gesehen, und dennoch liebt ihr ihn; ihr seht ihn auch jetzt nicht; aber ihr glaubt an ihn und jubelt *in unsagbarer, von himmlischer Herrlichkeit verklärter Freude,* da ihr das Ziel des Glaubens erreichen werdet: euer Heil.

여러분은 그리스도를 본 일이 없습니다, 그럼에도 불구하고 여러분은 그분을 사랑합니다; 여러분은 지금도 그분을 보지 못하지만 그분을 믿기에, 이루 말할 수 없는 하늘의 영광으로 인해 성스러워진 기쁨 안에서 즐거워하고 있습니다. 그 이유는 여러분이 믿음의 목표인 영혼의 구원을 얻을 것이기 때문입니다. (1베드1,8-9)

*―――

in unsagbarer, von himmlischer Herrlichkeit verklärter Freude: *in unsagbarer Freude und in der Freude, die von himmlischer Herrlichkeit verklärt ist*로 분리하여 해석할 수 있다.

Wenn der Gerechte sein rechtschaffenes Leben aufgibt und Unrecht tut, muss er *dafür* sterben. Wegen des Unrechts, das er getan hat, wird er sterben. *Wenn sich der Schuldige von dem Unrecht abwendet*, das er begangen hat, und nach Recht und Gerechtigkeit handelt, wird er sein Leben bewahren. Wenn er alle Vergehen, deren er sich schuldig gemacht hat, einsieht und umkehrt, wird er bestimmt am Leben bleiben. Er wird nicht sterben.

의인이 자신의 정의로운 인생을 포기하고 불의를 저지르면, 그것 때문에 죽어야 한다. 그는 자기가 저지른 불의 때문에 죽을 것이다. 그러나 죄인이라도 자기가 저지른 그릇된 행위를 버리고 돌아서서 공정과 정의에 따라 행동하면, 그는 자기 목숨을 유지할 것이다. 자기가 저지른 모든 죄악을 깨닫고 그 죄악에서 돌아서면, 그는 반드시 살 것이다. 그는 죽지 않을 것이다. (에제 18,26-28)

*

dafür: '그것 때문에'
Wenn sich der Schuldige von dem Unrecht abwendet: '죄인이 그릇된 행위로부터 돌아서서 회개하면'; 부문장에서 *sich*는 명사로 된 주어 앞에 오고, 대명사로 된 주어보다는 뒤에 온다.

<Die Hoffnung der Glaubenden>

Gerecht gemacht aus Glauben, haben wir Frieden mit Gott durch Jesus Christus, unseren Herrn. *Durch ihn haben wir auch den Zugang zu der Gnade erhalten*, in der wir stehen, und *rühmen uns unserer Hoffnung auf die Herrlichkeit Gottes*.

<신자들의 희망>

믿음으로 의롭게 된 우리는 우리 주 예수 그리스도를 통하여 하느님과 평화를 누립니다. 그리스도를 통하여 우리는 또한 우리가 누리고 있는 이 은총 속으로 들어올 수 있게 되었습니다. 그리고 우리는 하느님의 영광에 참여하리라는 희망을 자랑스럽게 여깁니다. (로마 5, 1-2)

*

Durch ihn haben wir auch den Zugang zu der Gnade erhalten: '그를 통해 또한 은총에 접근할 수 있게 되었다.'

wir rühmen uns unserer Hoffnung auf die Herrlichkeit Gottes: *sich eines Dinges rühmen* = '무엇을 자랑하다'; *hoffen auf etw.*[4]: '무엇을 희망하다'의 동사가가 그대로 명사 *Hoffnung*의 명사가로 되어 *Hoffnung auf die Herrlichkeit Gottes*로 되었음.

Durch sein Blut haben wir die Erlösung, die Vergebung der Sünden nach dem Reichtum seiner Gnade.

우리는 그리스도의 피를 통하여, 그리스도의 풍성한 은총으로, 구원을, 곧 죄의 용서를 받았습니다. (에페, 1,7)

Da sagte er zu den Juden, die an ihn glaubten: Wenn ihr in meinem Wort bleibt, seid ihr wirklich meine Jünger. Dann werdet ihr die Wahrheit erkennen, und die Wahrheit wird euch *befreien*.

그 때에 예수님께서 당신을 믿는 유대인들에게 말씀하셨다: "너희가 내 말 안에 머무르면 참으로 나의 제자가 된다. 그러면 너희는 진리를 깨닫게 될 것이다. 그리고 진리가 너희를 자유롭게 할 것이다." (요한 8, 31-32)

*

befreien: '기근어/토대어'(Basis)는 형용사 *frei*이다. '작위동사'(Faktitiva)로서 'frei machen'을 뜻한다.

Amen, amen, ich sage euch: Wenn jemand an meinem Wort festhält, wird er auf ewig den Tod nicht schauen. Da sagten die Juden zu ihm: Jetzt wissen wir, dass du von einem Dämon besessen bist. Abraham und die Propheten sind gestorben, du aber sagst: Wenn jemand an meinem Wort festhält, wird er auf ewig den Tod nicht erleiden. Bist du etwa größer als unser Vater Abraham? Er ist gestorben, und die Propheten sind gestorben. *Für wen gibst du dich aus*?

내가 진실로 진실로 너희에게 말한다: "내말을 지키는 이는 영원히 죽음을 보지 않을 것이다." 그때 유대인들이 예수님께 말하였다: "이제 우리는 당신이 마귀 들렸다는 것을 알았소. 아브라함도 죽고 예언자들도 죽었는데, 당신은 '내 말을 지키는 이는 영원히 죽음을 당하지 않을 것이다.' 라고 말하고 있소. 당신이 우리 조상 아브라함보다 더 위대하단 말이오? 그는 죽었고, 예언자들도 죽었소. 그런데 당신은 누구로 자처하는 것이오?"

*

sich für jn. ausgeben: '자신을 누구라고 내세우다'

Jesus antwortete: Wenn ich mich selbst ehre, so gilt meine Ehre nichts. Mein Vater ist es, der mich ehrt, er, von dem ihr sagt: Er ist unser Gott. Doch ihr habt ihn nicht erkannt. Ich aber kenne ihn, und wenn ich sagen würde: ich kenne ihn nicht, so wäre ich ein Lügner wie ihr. Aber ich kenne ihn und *halte an seinem Wort fest.* Euer Vater Abraham jubelte, weil er meinen Tag sehen sollte. Er sah ihn und freute sich.

예수님께서 대답하셨다: "내가 나 자신을 영광스럽게 한다면, 나의 영광은 아무것도 아니다. 나를 영광스럽게 하시는 분은 내 아버지시다. 너희가 '그분은 우리 하느님이시다.' 라고 말하는 바로 그분이시다. 그러나 너희는 그분을 알아보지 못했다. 나는 그러나 그분을 안다. 내가 그분을 알지 못한다고 말한다면, 나도 너희와 같은 거짓말쟁이가 될 것이다. 그러나 나는 그분을 알고 또 그분의 말씀을 꼭 지킨다. 너희 조상 아브라함은 나의 날을 보게 되리라고 즐거워하였다. 그는 그것을 정말 보았고 기뻐하였다."

*

an seinem Wort festhalten: '그의 말씀을 꼭 지키다'

Die Juden entgegneten: Du bist noch keine fünfzig Jahre alt und willst Abraham gesehen haben? Jesus erwiderte ihnen: Amen, amen, ich sage euch: Noch ehe Abraham wurde, bin ich. Da hoben sie Steine auf, um sie auf ihn zu werfen. Jesus aber verbarg sich und verließ den Tempel.

유대인들이 예수님께 말하였다: "당신은 아직 채 쉰 살도 되지 않았는 데 아브라함을 보았다고 주장하느냐?" 예수님께서 그들에게 대답하시기를: 내가 진실로 진실로 너희에게 말한다: "나는 아브라함이 태어나기 전부터 있었다." 그러자 그들은 예수님께 던지려고 돌을 집어 들었다. 그러나 예수님께서는 몸을 숨겨 성전을 떠나셨다. (요한 8,51-59)

Da rief Jesus sie zu sich und sagte: Ihr wißt, dass die Herrscher ihre Völker unterdrücken und die Mächtigen ihre Macht über die Menschen missbrauchen. Bei euch soll es nicht so sein, sondern wer bei euch groß sein will, der soll euer Diener sein, und wer bei euch der Erste sein will, soll euer Sklave sein. Denn auch Menschensohn ist nicht gekommen, um sich dienen zu lassen, sondern um zu dienen und sein Leben hinzugeben als Lösegeld für viele.

그 때 예수님께서는 그들을 가까이 불러 이르셨다: "너희도 알다시피 다른 민족의 통치자들은 백성들에게 압제를 가하고, 권력을 가진 자들은 백성들에게 권력을 남용한다. 그러나 너희는 그래서는 안 되고, 너희 가운데 높은 사람이 되려는 이는 너희를 섬기는 사람이 되어야 한다. 또한 너희 가운데에서 첫째가 되려는 이는 너희의 종이 되어야 한다. 왜냐하면 사람의 아들도 섬김을 받으러 온 것이 아니라 다른 이를 섬기러 왔고, 또 많은 이들의 몸값으로 자기 생명을 바치러 왔다." (마태 20,25-28)

Jesus antwortete ihnen: Ich bin das Brot des Lebens; *wer zu mir kommt*, wird nie mehr hungern, und wer an mich glaubt, wird nie mehr Durst haben. Aber ich habe euch gesagt: Ihr habt (mich) gesehen, und doch glaubt ihr nicht. Alles, was der Vater mir gibt, wird zu mir kommen, und *wer zu mir kommt, den werde ich nicht abweisen*; denn ich bin *nicht* vom Himmel herabgekommen, um meinen Willen zu tun, *sondern* den Willen dessen, der mich gesandt hat.

예수님께서 그들에게 대답하셨다: "나는 생명의 빵이다; 나에게 오는 사람은 결코 굶주리지 않을 것이며, 나를 믿는 사람은 결코 목마르지 않을 것이다." 그러나 내가 너희에게 이미 말했다: "너희는 나를 보고서도 믿지 않는다. 아버지께서 나에게 주시는 사람은 모두 나에게 올 것이고, 나에게 오는 사람을 나는 물리치지 않을 것이다; 왜냐하면 나는 내 뜻을 실천하기 위해서가 아니라, 나를 보내신 분의 뜻을 실천하려고 하늘에서 내려왔기 때문이다."

*

wer zu mir kommt: *wer*는 선행사가 없는 관계문의 주어로서, '나에게 오는 사람은 누구든지'의 뜻이다.
wer zu mir kommt, den werde ich nicht abweisen: 선행사가 없는 관계문의 주어인 *wer*를 뒤에 오는 주문장에서는 동사 *abweisen*의 '4격 보충어'가 와야 하므로 관계대명사 *den*으로 받아야 한다.

Es ist aber der Wille dessen, der mich gesandt hat, dass ich *keinen* von denen, die er mir gegeben hat, zugrunde gehen lasse, *sondern* dass ich sie auferwecke am Letzten Tag. *Es* ist aber der Wille meines Vaters, *dass alle, die den Sohn sehen und an ihn glauben, das ewige Leben haben und dass ich sie auferwecke am Letzten Tag.*

나를 보내신 분의 뜻은, 그분께서 나에게 주신 사람들을 한 사람도 파멸시키지 않고, 마지막 날에 모두 부활시키는 것이다. 아들을 보고 그를 믿는 사람은 모두 영원한 생명을 얻고, 마지막 날에 내가 그들을 부활시키는 것이 내 아버지의 뜻이다.

(요한 6,35-40)

*────────────────────────────

nicht/keinen....sondern: '...이 아니고, ...이다'
Es...., dass alle, die den Sohn sehen und an ihn glauben, das ewige Leben haben und dass ich sie auferwecke am Letzten Tag: *Es*는 '상관사'(Korrelat)로서 *dass alle, die den Sohn sehen und an ihn glauben, das ewige Leben haben*과 *dass ich sie auferwecke am Letzten Tag* 둘 다 받아준다.

Sind wir nun mit Christus gestorben, so glauben wir, dass wir auch mit ihm leben werden. Wir *wissen, dass Christus von den Toten auferweckt, nicht mehr stirbt*; der Tod *hat keine Macht mehr über ihn*.

이제 우리가 그리스도와 함께 죽었으니, 우리도 그분과 함께 살리라고 우리는 믿습니다. 우리는 그리스도께서 죽은 이들 가운데에서 되살아나시어 다시는 돌아가시지 않으리라는 것을 압니다; 죽음은 더 이상 그분 위에 군림하지 못합니다.

(로마 6,8-10)

*────────────────────────────

wissen, dass Christus von den Toten auferweckt, nicht mehr stirbt: *wissen*은 '인지동사'이므로. '인지의 내용'이 문장형태로 온다. 이것을 우리는 논항(Argument) '명제내용'(Inhaltsträger)이라고 부른다.
keine Macht mehr über jn. haben: '누구를 더 이상 지배하지 못하다'

Dann sprach er zu ihnen: Das sind die Worte, die ich zu euch gesagt habe, als ich noch bei euch war: Alles muss *in Erfüllung gehen,* was im Gesetz des Mose, bei den Propheten und in den Psalmen über mich *gesagt ist*. Darauf *öffnete* er *ihnen die Augen für das Verständnis der Schrift*.

그리고 그는 그들에게 말씀하셨다: "이것은 내가 전에 너희와 함께 있을 때에 너희에게 한 말이다: 모세의 율법과 예언서들과 시편들에서 나에 관해 말한 모든 것이 다 이루어져야 한다." 그런 다음에 그는 그들에게 성경을 이해할 수 있는 능력을 주었다.

*

in Erfüllung gehen: 'erfüllt werden'의 '수동'의 의미를 갖는 '기능동사 구문'으로서 '시작'의 뉘앙스도 지닌다.
gesagt ist: *gesagt worden ist* 다음의 상태를 나타내는 '상태 수동'이다.
ihnen die Augen für das Verständnis der Schrift öffnen: '그들에게 성경을 이해할 수 있는 능력을 주다'

Er sagte zu ihnen: So steht es in der Schrift: Der Messias wird leiden und am dritten Tag von den Toten auferstehen, und in seinem Namen wird man allen Völkern, angefangen in Jerusalem, verkünden, sie sollen umkehren, damit ihre Sünden vergeben werden. Ihr seid Zeugen dafür.

그는 이어서 그들에게 이르셨다: 성경에 이렇게 기록되어 있다: "구세주 그리스도는 고난을 겪고 사흘째 되는 날에 죽은 이들 가운데에서 다시 살아날 것이다. 그리고 예수살렘에서 시작하여, 그들의 죄를 용서받기 위해서는 사람들은 회개해야 한다고, 그의 이름으로 모든 민족들에게 선포될 것이다. 너희는 그것에 대한 증인들이다."

(루카 24,44-48)

Wenn man von Herzen glaubt, so wird

man *gerecht*[1]; und wenn man mit dem Munde
bekennt, so wird man *gerecht*[2].

우리가 마음으로 믿으면 경건해지고,
우리가 입으로 신앙을 고백하면 구원을 얻습니다. (로마 10,10)

*

gerecht[1]: “4. (성경) a) 사람들에 관해 사용될 때: (1) ‘Gott gehorsam, fromm’ (2) ‘trotz Sünden von Gott akzeptiert’; b) 하느님에 관해서 사용될 때: ‘trotz Sünde akzeptierend, gnädig, barmherzig’: *der gerechte Gott*” (Duden, 10 Bände):
gerecht[1]은 (Duden, 10 Bände)의 4. a)의 (1) ‘Gott gehorsam, fromm’(하느님에게 복종하는, 경건한)의 의미이고, *gerecht*[2]는 (Duden, 10 Bände)의 4. a)의 (2) ‘trotz Sünden von Gott akzeptiert’(죄에도 불구하고 하느님에 의해 용서받는다)의 의미이다.

<Jesus und Thomas>

Thomas, genannt Didymus(Zwilling), einer der Zwölf, war nicht bei ihnen, als Jesus kam. Die anderen Jünger sagten zu ihm: Wir haben den Herrn gesehen. Er entgegnete ihnen: Wenn ich nicht die Male der Nägel an seinen Händen sehe und wenn ich meinen Finger nicht in die Male der Nägel und meine Hand nicht in seine Seite lege, glaube ich nicht.

<예수님과 토마스>

열두 제자 가운데 하나로서 ‘쌍둥이’라고 불리는 토마스는 예수님께서 오셨을 때에 그들과 함께 있지 않았다. 그래서 다른 제자들이 그에게 “우리는 주님을 뵈었소.” 하고 말하였다. 그러나 토마스는 그들에게, “내가 그분의 손에 있는 못 자국들을 직접 보고 그 못 자국에 내 손가락을 넣어 보고 또 그분 옆구리에 내 손을 넣어 보지 않고서는, 나는 결코 믿지 못하겠소.” 라고 대답하였다.

Acht Tage darauf waren seine Jünger wieder versammelt, und Thomas war dabei. Die Türen waren verschlossen. Da kam Jesus, trat in ihre Mitte und sagte: *Friede sei mit euch!* Dann sagte er zu Thomas: Streck deinen Finger aus - hier sind meine Hände! Streck deine Hand aus und leg sie in meine Seite, und sei nicht ungläubig, sondern gläubig! Thomas antwortete ihm: Mein Herr und mein Gott! Jesus sagte zu ihm: Weil du mich gesehen hast, glaubst du. Selig sind, die nicht sehen und doch glauben.

여드레 뒤에 제자들이 다시 모여 있었는데 토마스도 그들과 함께 있었다. 문이 다 잠겨 있었는데도 예수님께서 오시어 그들의 한가운데로 들어오시며, "평화가 너희와 함께!" 하고 말씀하셨다. 그 다음에 그는 토마스에게 말씀하셨다: "네 손가락을 내뻗어라 - 여기에 내 손들이 있다! 네 손을 뻗어 내 옆구리에 넣어 보아라. 그리고 의심하지 말고, 믿어라!" 토마스가 예수님께 대답하였다: "저의 주님, 저의 하느님!" 그러자 예수님께서 토마스에게 말씀하셨다: "너는 나를 보았기 때문에 믿는다. 그러나 보지 않고서도 믿는 사람들이야말로 정말 행복하다." (요한 20,24-29)

*———

Friede sei mit euch! : '평화가 너희와 함께 있기를!'에서, *sei*는 '접속법 1식'으로서 '3인칭 단수'인 주어 *Friede*에 대한 '명령'의 기능을 수행한다.

Er, der von oben kommt, steht über allen; wer von der Erde stammt, ist irdisch und redet irdisch. Er, der aus dem Himmel kommt, steht über allen. Was er gesehen und gehört hat, bezeugt er, doch niemand nimmt sein Zeugnis an. Wer sein Zeugnis annimmt, *beglaubigt*, dass Gott wahrhaftig ist.

위에서 오시는 분은 모든 것들 위에 서 계신다; 땅에서 난 사람은 땅에 속하고 땅의 언어로 말한다. 하늘에서 오시는 그분은 모든 것들 위에 계신다. 그분께서는 친히 보고 들으신 것을 증언하신다. 그러나 아무도 그분의 증언을 받아들이지 않는다. 그분의 증언을 받아들이는 사람은 하느님께서 참되심을 공식적으로 증명하는 것이다.

* *beglaubigen*: '무엇을 공식적으로 옳다고 증명하다'

Denn *der, den* Gott gesandt hat, verkündet die Worte Gottes; denn er gibt den Geist unbegrenzt. Der Vater liebt den Sohn und hat alles in seine Hand gegeben. Wer an den Sohn glaubt, hat das ewige Leben; wer aber dem Sohn nicht gehorcht, wird das Leben nicht sehen, sondern Gottes Zorn bleibt auf ihm.

하느님께서 보내신 분께서는 하느님의 말씀을 하신다; 왜냐하면 하느님께서는 성령을 무한하게 주시기 때문이다. 아버지께서는 아드님을 사랑하시고 모든 것을 그분 손에 주셨다. 아드님을 믿는 이는 영원한 생명을 얻는다; 그러나 아드님께 순종하지 않는 자는 생명을 보지 못할 뿐만 아니라, 하느님의 진노가 그 사람 위에 머무르게 될 것이다. (요한 3,31-36)

* *der*는 '지시 대명사'이고, *den*은 '관계 대명사 4격'이다.

Ich bin der wahre Weinstock, und mein Vater ist der Weinbauer. Jede Rebe an mir, die nicht Frucht trägt, schneidet er ab; eine Rebe aber, die Frucht trägt, *schneidet* er *zurück*; so reinigt er sie, damit sie noch mehr Frucht hervorbringt.

나는 참 포도나무요, 나의 아버지는 포도농사꾼이시다. 나에게 붙어 있으면서 열매를 맺지 않는 모든 포도나무가지는 아버지께서 다 쳐 내시고, 열매를 맺는 포도나무가지는 더 많은 열매를 맺도록 더 짧게 손질해주시고 깨끗하게 해주신다.

*
zurückschneiden: '자란 것을 더 짧게 자르다'

Ihr seid schon rein; ihr seid es aufgrund des Wortes, das ich euch verkündet habe. Bleibt in mir, und ich werde in euch bleiben. Eine Rebe kann nicht aus sich selbst heraus Frucht hervorbringen; sie muss am Weinstock bleiben. Genauso wenig könnt ihr Frucht hervorbringen, wenn ihr nicht in mir bleibt.

너희는 내가 너희에게 선포한 말로 이미 깨끗하게 되었다. 내 안에 머물러라, 그러면 나도 너희 안에 머무르겠다. 포도나무가지가 스스로 열매를 맺을 수 없기 때문에 포도나무에 붙어 있어야 되는 것처럼, 너희도 내 안에 머무르지 않으면 열매를 맺지 못한다.

Ich bin der Weinstock, und ihr seid die Reben. Wenn jemand in mir bleibt und ich in ihm bleibe, trägt er reiche Frucht; ohne mich könnt ihr nichts tun. Wenn jemand nicht in mir bleibt, geht es ihm wie der unfruchtbaren Rebe: Er wird weggeworfen und *verdorrt*. Die verdorrten Reben werden zusammengelesen und ins Feuer geworfen, wo sie *verbrennen*.

나는 포도나무요 너희는 포도나무가지다. 내 안에 머무르고 나도 그 안에 머무르는 사람은 많은 열매를 맺는다; 너희는 나 없이 아무것도 하지 못한다. 어떤 사람이 내 안에 머무르지 않으면 그는 마치 열매를 맺지 못하는 가지처럼 될 것이다: 그는 밖에 내버려져서 말라 버릴 것이다. 그러면 사람들이 그런 가지들을 모아 불에 던지면 그 가지들은 그곳에서 다 타서 없어질 것이다.

*
verdorren: <자동사> '태양열로 완전히 말라 앙상해지다'
verbrennen: <자동사> '불로 다 타버리다'

Wenn ihr in mir bleibt und meine Worte in euch bleiben, könnt ihr bitten, um was ihr wollt: Eure Bitte wird erfüllt werden. Dadurch, dass ihr reiche Frucht tragt und euch als meine Jünger erweist, wird die Herrlichkeit meines Vaters offenbart.

너희가 내 안에 머무르고 내 말이 너희 안에 머무르면, 너희가 원하는 것은 무엇이든지 청할 수 있다: 너희의 청원은 그대로 이루어질 것이다. 너희가 많은 열매를 맺고 내 제자로 입증되면, 그것을 통해 내 아버지의 영광이 드러날 것이다.

(요한 15,1-8)

Ehrt vielmehr Christus, den Herrn, indem ihr ihm von ganzem Herzen vertraut. Und seid jederzeit *bereit*, *jedem Rede und Antwort zu stehen*, der euch auffordert, Auskunft über die Hoffnung zu geben, die euch erfüllt. Aber tut es freundlich und mit dem gebotenen Respekt, immer *darauf bedacht, ein gutes Gewissen zu haben.*

그리스도를 온 마음을 다하여 신뢰하면서, 그리스도를 주님으로 공경하라! 여러분의 마음을 가득 채우고 있는 희망에 관하여 누가 설명하기를 청해도 그에게 대답할 수 있도록 언제나 준비해 두어라. 그러나 항상 바른 양심을 가지도록 유념하면서, 친절하고 공손하게 대답하라. (1베드로 3,15-16)

*

jm. Rede und Antwort stehen: 'jm. Rechenschaft geben'
bereit, jedem Rede und Antwort zu stehen, der: '...하는 사람에게는 누구든지 설명할 준비가 되어있는'
darauf bedacht, ein gutes Gewissen zu haben: *auf etw.*[4] *bedacht sein*은 '.....에 유념하다'이고, *darauf*는 *ein gutes Gewissen zu haben*을 앞에서 미리 가리키는 '상관사(相關詞)'(Korrelat)이다.

»Wenn ihr mich liebt, werdet ihr meine Gebote halten. Und der Vater wird euch an meiner Stelle einen anderen Helfer geben, der für immer bei euch sein wird; ich werde ihn darum bitten. Er wird euch den Geist der Wahrheit geben, den die Welt nicht bekommen kann, weil sie ihn nicht sieht und nicht kennt. Aber ihr kennt ihn, denn er bleibt bei euch und wird in euch sein.

"너희가 나를 사랑하면 내 계명을 지킬 것이다. 아버지께서는 내 대신에 다른 보호자를 너희에게 보내시어, 영원히 너희와 함께 있도록 하실 것이다; 내가 아버지께 그렇게 간청할 것이다. 아버지는 너희들에게 진리의 영을 주실 것이다. 그런데 세상은 진리의 영을 보지도, 알지도 못하기 때문에 그것을 받지 못한다. 그러나 너희는 진리의 영을 알고 있다, 왜냐하면 진리의 영께서 너희와 함께 머무르시고 너희 안에 계실 것이기 때문이다.

Ich werde euch nicht als hilflose Waisen zurücklassen; ich komme zu euch. Nur noch kurze Zeit, dann sieht die Welt mich nicht mehr. Ihr aber werdet mich sehen, und weil ich lebe, werdet auch ihr leben. An jenem Tag werdet ihr erkennen, dass ich in meinem Vater bin und dass ihr in mir seid und ich in euch bin. Wer *sich an meine Gebote hält* und sie befolgt, der liebt mich wirklich. Und wer mich liebt, den wird mein

Vater lieben; und auch ich werde ihn lieben und mich ihm zu erkennen geben.«

나는 너희를 의지할 곳 없는 고아로 내버려두지 않고 너희에게 다시 오겠다. 이제 조금만 있으면, 세상은 나를 보지 못하겠지만 너희는 나를 보게 될 것이다. 내가 살아 있기 때문에 너희도 또한 살 것이다. 그날, 너희는 내가 아버지 안에 있고 또 너희가 내 안에 있으며 내가 너희 안에 있음을 깨닫게 될 것이다. 내 계명을 잘 따르고 준수하는 이야말로 나를 정말로 사랑하는 사람이다. 나를 사랑하는 사람을 내 아버지께서도 사랑하실 것이다. 그리고 나도 그를 사랑하고, 그에게 나 자신을 드러내 보일 것이다." (요한 14,15-21)

*

sich an meine Gebote halten: '내 계명에 따라 행동하다'

<Jesu Angebot: das Wasser des Lebens>

Am letzten Tag, dem größten Tag des Festes, trat Jesus vor die Menge und rief: »Wer Durst hat, soll zu mir kommen und trinken! Wenn jemand an mich glaubt, werden aus seinem Inneren, wie es in der Schrift heißt, Ströme von lebendigem Wasser fließen. Er sagte das im Hinblick auf den Heiligen Geist, den die empfangen sollten, die an Jesus glaubten. Der Geist war zu jenem Zeitpunkt noch nicht gekommen, weil Jesus noch nicht in seiner Herrlichkeit *offenbart worden war*.

<예수님의 제안: 생명의 물>

축제의 가장 중요한 날인 마지막 날에 예수님께서는 군중 앞으로 다가오셔서 큰 소리로 외치셨다: "목마른 사람은 다 나에게 와서 마셔라! 누군가가 나를 믿으면, 성경 말씀대로, 그의 내부로부터 생명수의 강들이 흘러나올 것이다." 이것은 예수님을 믿는 이들이 받게 될 성령을 가리켜 하신 말씀이었다. 예수님께서 아직 그의 영광

속에서 나타나지 않으셨기 때문에, 성령께서는 그 시점에 아직 와 계시지 않았던 것이다. (요한 7, 37-39)

*———

offenbaren: 'offen zeigen'

Bereitet dem Herrn den Weg! Ebnet *ihm* die Straßen! Und alle Menschen werden das Heil sehen, das von Gott kommt.

너희는 주님에게 길을 마련하여라! 그분에게 가는 길을 곧게 내어라! 그러면 모든 사람이 하느님에게서 오는 구원을 보게 될 것이다. (루카 3,4.6)

*———

jm. etw.[4] *bereiten*: '누구에게 무엇을 마련해주다'
ihm: ' für ihn', 즉 '이익의 3격'이다.

Aphorismen

Wie hast du uns geliebt, guter Vater, der, Du *Deines eingeborenen Sohnes* nicht *geschont*, sondern ihn für uns Gottlose hingegeben hast! .... Dazu ist Christus für alle gestorben, damit, wer da lebt, nicht mehr sich lebe, sondern *dem*, der für alle gestorben ist.

지극히 선하신 아버지이신 당신께서는 우리를 얼마나 사랑하셨기에 당신의 독생자를 아끼지 않으시고, 우리 죄인을 위하여 그를 희생시키셨습니까! .... 그리스도가 모든 사람을 위하여 죽었으니, 이는 살아 있는 자들로 하여금 자기 자신을 위하여 살지 말고, 우리 모두를 위해 죽은 그리스도를 위해 살게 하려 함이니라.

*

schonen: (가끔 2격 보충어와 함께) *Schont meines Lebens!* (Duden, 10 Bände)
dem: '이익의 3격'으로서 '그를 위해서'를 뜻함.

Sieh, Herr, so werfe ich auf Dich meine Sorge, damit ich lebe, und ich werde Wunder *erschauen* aus Deinem Gesetz. Du kennst meine Unwissenheit und meine Schwachheit: lehre mich und heile mich. (Augustinus: "Bekenntnisse", S. 597-599)

주여, 저는 살기 위해서 저의 모든 걱정을 당신 위로 던져버리고, 당신의 율법에서 기적을 깨달을 것입니다. 당신은 저의 무지와 연약함을 알고 있습니다: 저를 가르치시고, 저를 치유해주소서.

*

erschauen: '정신적인 눈/직관으로 파악하다'

Nicht in Schmausereien und Trinkgelagen laßt uns wandeln, nicht in Schlafkammern und Unzucht, nicht in Zank und Neid, sondern ziehet an den Herrn Jesus Christus!

향연과 술자리에서 삶을 영위하지 말고, 침실과 음탕함 속에서 살지 말고, 싸움과 시기 속에서 살지 말고, 주 예수 그리스도에게로 가라!
(바울의 편지로서 Augustinus에 의해 인용됨. In: "Helden und Heilige", 417쪽)

Alle Bücher, die ich gelesen habe, haben mir den Trost nicht gegeben, den mir dies Wort der Bibel gab: Der Herr ist mein Hirte, *mir wird nichts mangeln.* (Immanuel Kant)

내가 읽은 어떤 책도 성경의 다음 말씀이 나에게 준 위안을 주지는 못했다: "주님은 나의 목자시니, 나에게는 아무 것도 부족한 것이 없을 것이다."

*

etw. mangelt jm.: '누구에게 무엇이 부족하다'

Gott will, dass wir glücklich werden und unser Leben gelingt. (Hans-Martin Köbler)

하느님은 우리가 행복해지고 우리의 인생이 성공하기를 원하십니다.

Ich glaube, dass *es nichts Schöneres, Tieferes, Sympathisches, Vernünftigeres, Männlicheres und Vollkommeneres gibt als den Heiland*, ich sage mir mit eifersüchtiger Liebe, dass es dergleichen *nicht nur* nicht gibt, *sondern auch* nicht geben kann. Ich will noch mehr sagen: Wenn mir jemand bewiesen hätte, dass Christus außerhalb der Wahrheit steht, und wenn die Wahrheit tatsächlich außerhalb Christi stünde, so würde ich *es vorziehen, bei Christus und nicht bei der Wahrheit zu bleiben.* (Fjodor M. Dostojewskij)

나는 구세주보다 더 아름답고, 더 깊고, 호감이 가고, 더 이성적이고, 더 남성적이고 더 완전한 것이 있다고 믿지 않는다. 나는 스스로에게 그런 것은 없을 뿐만 아니라, 있을 수도 없다고 질투어린 사랑을 가지고 말한다. 나는 더 나아가 이렇게 말하고 싶다: 나에게 누군가가 그리스도는 진리 밖에 서 있다고 증명했더라도, 그리고 진리가 실제로 그리스도 밖에 있다하더라도, 나는 진리 옆에 있는 것보다 그리스도 옆에 있는 것을 오히려 더 좋아할 것이다.

*

es gibt etw.[4]*/jn.*: '무엇이/누군가가 있다'
nicht nur, sondern auch: '....일뿐만 아니라, 또한 ....이다'
es vorziehen, zu ....: '....하는 것을 더 좋아하다'

Wer nicht an Christus glauben will, der muss sehen, wie er ohne ihn *raten* kann. Ich und du können das nicht. Wir brauchen jemand, der uns hebe und halte und uns die Hände unter den Kopf lege, wenn wir sterben sollen, und das kann er überschwenglich, nach dem, was von ihm geschrieben steht, und wir wissen keinen, von dem wir's lieber hätten. (Mathias Claudius)

그리스도를 믿으려고 하지 않는 사람은 그리스도 없이 자신이 어떻게 옳은 답을 찾아낼 수 있는지를 보아야 한다. 나와 당신은 그 일을 할 수 없다. 우리는 죽을 때 우리를 들어주고 받쳐주고 머리 밑으로 두 손을 놓아주는 누군가를 필요로 한다, 그리고 그리스도에 관해 기록되어있는 것에 따르면, 그리스도는 그 일을 충분히 할 수 있다. 그리고 우리는 그리스도 외에 그 일을 해줄 그 어떤 이도 알지 못한다.

*

raten: '어떤 질문에 대해 여러 가지 답들 중에서 옳은 답을 찾아내려고 시도하다'

In der Auferstehung Jesu Christi hat Gott *den*, der am Kreuz gestorben und begraben worden ist, *der Herrschaft des Todes entrissen* und in die Macht und Herrlichkeit des von Gott gewährten Lebens, das das Leben schlechthin ist, erhoben. Auferstehung Jesu Christi ist der Aufgang des toten Jesus Christus in die Lebensmacht Gottes. (Heinrich Schlier)

예수 그리스도의 부활에서, 하느님은 십자가에서 죽어 묻힌 그를 죽음의 지배에서 빼내어, 생명 그 자체이신 하느님에게서 주어진 생명의 힘과 영광 속으로 들어 올렸다. 예수 그리스도의 부활은 죽은 예수 그리스도가 하느님의 생명의 힘 속으로 올라가는 것이다.

*

jn. etw.[3] *entreißen*: '누구를 .....에서 빼앗다'

Ich bin oft gefragt worden, wie ich mir das Auferstehen vorstelle. Ich *stelle es mir nicht in theologisch-dogmatisch bestimmten Bildern vor*. Aber in Träumen erhalte ich Belehrung darüber. Der Kern ist immer der gleiche. Ich werde getötet, erschrecke einen Augenblick und falle in eine dunkle Tiefe, werde aber plötzlich von etwas Unsichtbarem *aufgefangen* und finde mich in einem Licht, das ich vorher nie sah. (Luise Rinser)

나는 내가 부활을 어떻게 상상하는지 가끔 질문을 받았다. 나는 신학적-교리적으로 일정한 모습으로 그것을 상상하지는 않는다. 그러나 꿈속에서 나는 그것에 관한 가르침을 얻는다. 핵심은 항상 똑 같은 것이다. 나는 죽음을 당하고, 한순간 깜짝 놀라 어두운 나락으로 떨어지고, 그러나 갑자기 보이지 않는 무엇에 의해 붙잡히고서는, 이전에 한 번도 본 적 없는 어떤 빛 속에 있는 내 자신을 발견한다.

*

sich[3] *jn./etw. so vorstellen*: 'sich[3] jn./etw. so/als einen solchen/als ein solches denken' 'Enom + Eakk +Eobj-präd'의 구문적 동사가를 갖고 있다: *So schwierig hatte ich mir die Arbeit nicht vorgestellt.* (나는 그 일이 그렇게 어렵다고는 생각하지 않았다)(VALBU, S. 820 참조)
auffangen: '움직이는 것/떨어지는 것을 붙잡다' (Duden, 10 Bände)

Vielen genügt es, die Auferstehung Jesu Christi in den Büchern stehen und etwa als ein wunderbares Ereignis der Vergangenheit gelten zu lassen, aber sie machen nichts daraus für ihr Leben. (Christoph Blumhardt)

예수 그리스도의 부활을 책들 속에만 있게 하고, 마치 과거의 놀랄만한 한 사건으로만 인정하는 것으로 많은 사람들에겐 충분하다. 그러나 그들은 그 사건에서 자신의 인생을 위해서는 아무런 교훈도 얻지 못한다.

*———

es genügt jm., zu...: '...이면 누구에게 충분하다'; *es*는 *zu....*이하를 받아주는 '상관사'(Korrelat)이다.
etw. als etw. gelten lassen: 'etw. als etw. anerkennen'

So ist mein Empfinden; jeden Tag meines Lebens preise ich meinen Erlöser, der es mir gab und der aus einem Menschen voll von Schwäche, Elend, von Begierden, von Stolz und Ehrgeiz, einen Menschen machte, der von diesen Übeln durch die Gewalt *seiner Gnade* erlöst ist, *welcher aller Ruhm gebührt,* da ich von mir aus nichts bin als Elend und Irrheit. (Blaise Paskal)

나의 느낌은 이러하다; 삶에서 매일 나는 나의 구세주를 찬양한다. 그분은 약점과 비참과 욕망, 자만심과 명예욕으로 가득 찬 인간이었던 나를 - 내 자신은 본래 비참함과 오류 이상의 아무것도 아니다 - 모든 영광을 받을만한 그분의 은총의 힘을 통해 이 모든 악(惡)으로부터 구원받은 한 인간으로 만들었다.

*———

etw. gebührt jm.: '누구는 무엇을 받을 만하다'

Damit ein Mensch ein Heiliger werde, ***ist*** *die Gnade notwendig*; und wer das bezweifelt, weiß *weder*, was ein Heiliger *noch* was ein Mensch ist. (Blaise Paskal)

한 인간이 성인(聖人)이 되기 위해서는 은총이 필수적이다; 그리고 그것을 의심하는 사람은 성인이 무엇인지도 모르고, 인간이 무엇인지도 모른다.

*―――――

Damit ein Mensch ein Heiliger werde, ist die Gnade notwendig: '목적'을 나타내는 부문장이 문두에 와서 한 개의 문장성분의 자리를 차지했기 때문에, 정동사 ***ist***는 서술문에서 2번째 자리에 와야 하므로, 부문장 다음에 오고, 그 다음에 주어 *die Gnade*가 도치되어 오게 되었다.
weder... noch...: '...도 아니고, ...도 아니다'

Dass, du Gott brauchst, mehr als alles, weißt du allzeit in deinem Herzen; *aber nicht auch, dass* Gott dich braucht, in der Fülle seiner Ewigkeit dich? Du brauchst Gott, um zu sein, und Gott braucht dich - *zu eben dem, was* der Sinn deines Lebens ist. (Martin Buber)

네가 그 어떤 것보다 하느님을 필요로 한다는 것을 너는 항상 마음속으로 알고 있다; 그러나 하느님도 영원의 충만 속에서 너를 필요로 한다는 것 또한 모르느냐? 너는 존재하기 위해서 하느님을 필요로 하고, 하느님이 너를 필요로 하는 까닭은 바로 네 인생의 의미를 위해서이다.

*―――――

aber nicht auch, dass...: *aber weißt du nicht auch, dass....*의 줄인 표현이다.
zu eben dem, was: '바로 그것을 위해서', '지시 대명사' *das*의 3격 *dem*은 관계 대명사 *was*가 받아주어야 한다.

Der Weg zu Gott führt über den Menschen.
Das schlafende Kind, die Mutter, die es liebkost,
der Greis, der dem Rauschen der Bäume lauscht
-*jeder ist Gott nahe,* in jedem ist Gott. (Aus dem Chassidismus)

하느님에게 가는 길은 사람들 위로 나 있다.
잠자는 아이와, 그 애를 쓰다듬는 어머니,
나무의 살랑거리는 소리에 귀를 기울이는 노인,
이 모두는 하느님 가까이에 있고, 모두의 안에는 하느님이 있다.

*──────────────

jm. nahe sein: '누구에게 가까이 있다'; 그러므로 *jeder ist Gott nahe*에서 *Gott*은 '3격'이다.

Ewige Freude ist das Ende aller Wege zu Gott.
Aber ewige Freude gewinnen wir nicht, wenn wir an der Oberfläche leben. Sondern wir erreichen sie, wenn wir hindurchbrechen durch die Oberfläche und *eindringen in die tiefen Schichten unseres Selbst, unserer Welt und Gottes*. (Paul Tillich)

영원한 기쁨은 하느님에게 가는 모든 길의 종착역이다.
그러나 우리가 표면에서 산다면, 영원한 기쁨을 얻지 못할 것이다.
우리가 표면을 통과하여 스스로와 우리의 세계와 하느님의 심층으로 파고 들어갈 때에만 비로소 영원한 기쁨을 얻을 수 있게 될 것이다.

*──────────────

in etw.[4] *eindringen*: '...안으로 침투해 들어가다'

Du wolltest Gott sein, obwohl du Mensch warst, und gingst so verloren. Er wollte Mensch sein, obwohl er Gott war. *So schwer* schlug dein menschlicher Stolz dich nieder, *dass nur* die Demut eines Gottes dich wieder aufrichten konnte. (Aurelius Augustinus)

너는 인간이었지만, 하느님이 되고자 했다, 그래서 패배했다. 그는 하느님이었지만, 인간이 되고자 했다. 너의 인간적 자만심이 너를 그렇게 심하게 넘어뜨려서, 오직 한 분, 하느님의 겸손만이 너를 다시 일으켜 세울 수 있었다.

---

*

So schwer, dass nur: '너무 심하게 ....하여, 단지 ...만이 ....'

Gedichte

<Trost>

Ohne Trost kannst du nicht leben.
Trost ist aber nicht
Alkohol, Schlafmittel, Spritze,
die dich vorübergehend betäuben
und dich dann hineinstürzen
in eine noch schwärzere Nacht.
Trost ist keine Flut von Worten.

<위안>
위안 없이 너는 살 수 없다.
위안은 그러나
너를 일시적으로 마비시켜서
더 캄캄한 밤으로 빠뜨리는
술, 수면제, 주사가 아니다.
위안은 결코 말의 홍수가 아니다.

Trost ist wie eine lindernde Salbe
auf eine schmerzende Wunde.
Trost ist wie eine unverhoffte Oase
in einer unbarmherzigen Wüste-
du kannst wieder an das Leben glauben.
Trost ist wie eine sanfte Hand
auf deinem Kopf,
die dir zur Ruhe verhilft.

위안은 아픈 상처 위에 바르는
고통을 덜어주는 연고와 같다.
위안은 무자비한 황야에서 만난
예기치 않은 오아시스와 같다.
너는 다시 인생을 믿을 수 있다.
위안은 너에게 평온을 가져다주는,
너의 머리 위에 갖다 대는
하나의 부드러운 손과 같다.

*

jm. zu etw.[3] *verhelfen*: '누가 무엇을 얻도록 돕다'

Trost ist wie *ein gütiges Gesicht* in deiner Nähe
von jemandem, der deine Tränen versteht,
der auf dein gequältes Herz hört,
der bei dir bleibt
in deiner Angst und deiner Verzweiflung
und *der dich hinweist*
auf ein paar Sterne. (Phil Bosmans: Vergiß die Freude nicht, 99쪽)

위안은 네 주위에서
너의 눈물들을 이해하고,
너의 고통 받는 심장의 소리를 들어주고,
네가 불안하고 절망하고 있을 때
네 옆에 있어주면서,
몇 개의 별을 향해
주의를 돌리게 해주는
친절한 얼굴을 가진 사람과 같다.

*

ein gütiges Gesicht: 'ein gütiger Mensch'를 뜻한다. 이런 것을 '환유'(Metonymie)라고 한다: *Wir lesen Schiller.* (Statt *Wir lesen Schillers Drama "Don Carlos".*)
auf etw.[4] *hören*: '무엇에 주의 깊게 귀를 기울이다'
jn. auf etw.[4] *hinweisen*: '누구를 무엇에 주의를 환기시키다'

Der ewig reiche Gott

Will uns bei unserm Leben
Ein immer fröhlich Herz
Und edlen Frieden geben
Und uns in seiner Gnad
Erhalten *fort und fort*
Und uns *aus aller Not*
Erlösen hier und dort. (Martin Rinckart)

영원히 부유한 하느님은
우리가 인생을 살아가는 과정에서
우리에게 항상 기뻐하는 마음과
고귀한 평화를 주고자 하신다.
그리고 우리에게 항상 자비를
베풀어주려 하시고,
현세와 내세에서 모든 곤경에서 우리를
구원해주려고 하신다.

*---

fort und fort: <준고어> 'immerzu': <통용어> 'ständig'
jn. aus etw.[3] *erlösen*: '누구를 ...에서 구원하다'

Je dunkler die Nacht,
Desto heller die Sterne.
Je tiefer der Schmerz,
Desto näher ist Gott. (Abram Terz)

밤이 어두우면 어두울수록,
별들은 더 밝다.

고통이 깊을수록,
하느님은 더 가까이 있다.

*

Je 형용사 비교급 + *Desto* 형용사 비교급: '....하면 할수록 더 ....하다'

5

Die ideale Kirche der Zukunft

Einführung

<용서는 사랑>

“용서는 하느님을 떠난 이들과 불행한 이들, 특히 정신적으로 고통 받는 이들과 죄인 한 사람 한 사람에게 관심을 기울이는 깊은 사랑입니다.”

(요한 바오로 2세: 여러분도 행복하세요, 4월 15일, S. 134)

“무엇 때문에 그리스도교도 몰락해야 하는가? 그리스도교의 생동적인 정신은 가끔 오랫동안 활동을 멈추며 경직된 가운데 죽은 문자의 껍질로 되돌아간다. 그러나 그리스도교는 정신세계의 변화무쌍한 날씨가 그의 소생에 우호적으로 되고 그로 하여금 활기를 띠게 할 때마다 늘 다시금 각성한다. ... 중보(仲保)[2]자가 더 이상 언급되지 않고 아버지가 모든 존재 속의 모든 존재인 시대가 올 것이라고 그리스도교는 말한다. 그러나 언제 이러한 시대가 도래할 것인가? 내가 염려하는 것은 이 시대가 모든 시대의 저편에 있다는 것이다. 인간적이고 유한적인 존재 가운데 위대한 신적 존재의 파멸 가능성이 들어있다는 것은, 그리스도교가 갖는 근원적인 직관의 절반이다. .... 빛나는 신적인 점은 곧 이러한 파멸을 개선하는 근원적인 자리이며 유한자와 신이 새롭고 더 가깝게 통일되는 자리라는 것, 이것은 그리스도교가 갖는 근원적인

2 하느님과 사람과의 사이에 있는 예수 그리스도의 본직. 사람에게 대하여 그 죄를 사하고 하느님을 대하여 인류의 죄를 지고 십자가에 보혈을 흘리고 죽은 그 일.

직관의 다른 절반이다. .... 파멸의 시대는 그것이 신적 근원의 파멸일지라도 모든 현세적인 것에 현전해 있다. 뒤로 물러나 앉은 것을 높은 능력으로 끌어내고 파멸한 것을 하늘의 불로 정화하기 위해 신이 보내주는 새로운 사자가 필요하다. 이러한 인간의 세대는 그리스도교를 재생시키며 그 정신을 새롭고 더 아름다운 모습으로 일깨울 것이다."

(Schleiermacher: "종교론", 249-250쪽)

수많은 청년들이 '내 삶의 의미는 무엇인가?'의 답을 구하고자 우리 공동체를 찾는다.

<거대한 침묵 속에서 종파의 벽이 사라지고>

-초교파 그리스도교 공동체. 프랑스 '테제' 가보니-

낮 12시, 종소리가 오래 울렸다. '화해의 교회' 예배당에 세계 각지에서 온 500여 명이 함께 모여 앉았다. 피부색도 나이도 제각각인 사람들 한가운데로, 흰 옷을 입은 수사들이 강단을 향해 길게 두 줄로 앉아 있다. 지난달 29일 프랑스 남부 부르고뉴 지방의 작은 마을 테제. 한 해 10만명 안팎의 젊은이들이 찾아 기도와 묵상, 봉사를 하는 초교파 그리스도교 공동체인 '테제 공동체'다. 영어 · 프랑스어 · 네델란드어 · 독일어 · 스페인어로 그날의 성경 구절이 낭독되고, 대표기도가 있었다. 피아노 한 대 없는 예배당, 유일한 반주는 어느 수사(修士)의 기타 소리뿐이다. 그런데도 의자 없이 앉아서 500명이 함께 부르는 노래는 오래된 성가대의 그것처럼 화음이 어우러진다. "내 영혼아 주를 찬미하여라. 그 거룩한 이름을 찬미하여라. 주를 찬미하여라, 임은 나를 생명으로 이끌어주신다.... ." 그리고 침묵, 옷자락 바스락거리는 소리에도 미안한 마음이 드는 거대한 침묵. 모든 것은 침묵 가운데 시작됐다. 제2차 세계대전 중이던 1940년 8월, 스위스인 로제(Roger Louis Schütz-Marsauche · 1915-2005) 개신교 수사가 어머니의 나라 프랑스, 그중 남부 부르고뉴의 작은 마을 테제에 도착했을 때, 그는 혼자였다. "모두가 사랑의 하나님을 말하면서도 자기 입장을 정당화하는 데만 힘을 소모하는 그리스도인들을 보고 놀랐다. 그리스도를 전하는 데는 매일 구체적으로 화해를 이루어가는 삶보다 더 나은 길은 없다." 공동체를 세운 그는 2차

대전 중에는 유대인들을 숨겨주었고, 전쟁 뒤에는 독일군 포로를 데려다 함께 예배를 드리며 '화해'를 가르쳤다. 이제 테제는 유럽에서 종파의 차이를 넘어선 그리스도교의 일치와 화해를 상징하는 곳이자, 신앙을 고민하는 젊은이들의 '성지'가 됐다. 현재 세계 30여 개국 개신교 · 가톨릭 · 정교회 출신의 수사 70여명이 자급자족하며 살아가고 있다. 참가자들이 회비 형식으로 내는 돈 외에 기부나 헌금은 전혀 받지 않으며, 수사들도 도자기 제조, 음반과 서적 판매, 강연 수입 등 직접 일을 해 돈을 번다. 알로이스 원장수사는 "수많은 청년들이 '내 삶의 의미는 무엇인가?'라는 질문에 대한 답을 구하고자 우리 공동체에 머물고 간다"며 "기도와 침묵의 시간을 가장 중요하게 생각한다. 침묵은 다양함 속에서 공통점을 발견하고 생명과 다름에 대한 존중을 공감하는 시간"이라고 했다. 주변 숙소와 천막촌까지 합해 많을 땐 5000명까지 함께 생활하는 이 공동체의 하루는 오전 8시 15분 아침 기도회로 시작해 기도와 성경묵상, 자원봉사 노동 그리고 침묵으로 이어진다.

"이곳에서 자신의 신앙적 배경이 개신교인지, 가톨릭인지, 정교회인지는 아무도 서로 묻지 않는다. 중요한 것은 오직 모두가 예수 안에서 거듭난 형제이며 마음의 평화를 찾아 함께 길을 가는 친구라는 것"

두 번째 자원봉사자로 머물고 있는 대학생 서윤호(24)씨는 "한국에서 신앙에 대한 고민이 많았는데 복음이 생활이 되는 모습에 감동받아 올 연말까지 머물 계획"이라며 "테제는 다양한 신앙을 가진 이들이 서로 이해하고, 섬기며 살아가는 교차로와 같은 곳"이라고 했다. 한국의 조계종 대표단도 이날 세계 젊은이들을 불러들이는 테제 공동체의 매력과 프로그램을 살폈다. 총무원장 자승 스님은 "수사님들의 눈빛이 천진난만하고 너무도 맑아 부처님의 얼굴 같더라"고 했다. 알로이스 원장수사는 "3년 전 해인사를 방문했을 때 불교의 가르침에 따라 엄격하게 살아가는 스님들 모습에 감동했다"고 말했다. 스님과 수사들은 낮기도 뒤 점심식사도 함께 했다. 야채와 옥수수, 호박과 버섯, 그리고 한국 방문단을 위해 특별히 밥과 김치도 마련한 단출한 식사였다. 식사를 마칠 땐 알로이스 원장수사가 "모든 일에 마음의 평화를"이라고 말하자, 수사들은 "기쁨, 소박함, 자비"라고 답했다. 신한열(49)수사는 "로제

수사님 생전에 시작된 공동체의 구호로, 산상수훈의 정신을 요약한 것"이라고 했다.

(조선일보: 2011년 10월 4일, A24쪽, 테제(프랑스)=이태훈 기자)

침묵 속에서 깨치다… "우리의 길은 하나"

[개신교·천주교 성직자공동 영성수련 모임]

신학·교리 토론은 잠시 잊고 묵상과 침묵기도, 수련 통해 서로 닮음을 알아가는 여정

"교회 일치모임 생겨나면서 서로 깎아내리는 일 없어져"

종일 비가 내렸다. 길 건너 거센 계곡물 소리 틈틈이 바윗돌 구르는 소리가 웅웅 울렸다. 13일 오후 전남 구례 지리산국립공원 길목의 천주교 '피아골 피정(避靜)집'. 창밖엔 빗소리 가득하지만, 강론과 기도가 이어지는 건물 안에는 발소리 내기도 조심스러운 경건한 침묵이 흘렀다. 천주교·개신교 성직자와 기관 종사자 22명은 13일부터 2박3일간 이곳에서 '한국 그리스도인 일치를 위한 피정모임'을 가졌다. 피정(避靜)이란 기독교인들이 일상에서 잠시 벗어나 묵상과 침묵기도를 하는 종교수련.

개신교와 천주교 성직자들이 함께 피정을 한 것은 올해로 두 번째. 2000년부터 그리스도교 교리와 영성, 일치운동에 대한 강의와 토론 형식 모임을 가져오다 작년 개신교 측의 요청으로 공동 피정을 시작했다. 이번 모임에는 천주교 측에서 주교회의 '교회일치와 종교간 대화위원회'(일치위원회) 위원장 김희중 대주교와 총무 송용민 신부 등 8명, 개신교 측에서 한국기독교교회협의회(NCCK) 총무 김영주 목사, 대한성공회 교무원장 김광준 신부, 구세군대한본영 업무국장 김운호 사관 등 14명이 참석했다. 참석자들은 2박3일 동안 모두 6차례의 묵상과 침묵기도를 통해 스스로의 영성을 되돌아보며 신학과 교리에 대한 차이보다는 서로가 닮은 형제임을 깨달아가는 모습이었다.

14일 아침 강론은 성공회 박태식 신부가 맡았다. "하느님은 양 한 마리를 잃어버

리자 99마리를 광야에 두고 잃어버린 양을 찾아가는 목자십니다. 유산을 받아가서 탕진하고 돌아온 둘째 아들을 위해 소를 잡아 잔치를 여는 아버지입니다. 그런 목자, 그런 아버지가, 누구는 둘째 아들이라고, 누구는 예배를 좀 다르게 드린다고 배제하고 멀리하시겠습니까." 예수회 영성 수련에 관해 강의한 광주 가톨릭대 교수 서석칠 신부는 "정의·평화·사랑 같은 하느님의 가치를 살아내는 것이 그리스도인의 가야 할 길"이라며 "다름 속에 묻혀 보이지 않는 같음을 찾아내고 함께 기뻐하는 일치의 여정"이라고 했다.

서울 예가교회 협동목회자 전철 목사(기독교장로회)는 "지난해 부산 베네딕토회 수도원에서 했던 첫 공동피정에서 큰 충격을 받았다. 한국 개신교회에서 많이 사라진 영성의 전통을 확인할 수 있었다"고 했다. "모여서 함께 묵상하고 대화를 나누면 그리스도 안에서 한 길을 걷는 도반이라는 걸 느낍니다. 자기가 속한 신앙의 전통 내에서 개인적 신앙고백을 스스로 성찰해 보는 계기가 되는 거지요."

피정의 집에서 걸어서 5분 거리인 연곡사 주지 종지 스님도 모임에 찾아왔다. '불교 수행법'을 강의한 스님은 "불가(佛家)에서는 '신심불이(信心不二)요 불이신심(不二信心)'이라고 한다. 믿는 마음은 둘이 아니고 둘이 아닌 것이 믿는 마음"이라며 "내꺼 니꺼, 잘나고 못나고를 떠나서 정말 오롯한 믿음 속에 무슨 차별이 있을 수 있겠느냐"고 했다. 성공회 김광준 신부는 "2000년대 초 교회 일치 모임이 생겨나기 시작한 뒤 분위기가 많이 달라졌다. '이단'이니 '서자' 같은 말로 개신교와 가톨릭이 서로를 공개적으로 폄하하는 경우도 요즘은 찾아보기 힘들다"고 했다.

하루의 마무리는 성무일도(聖務日禱·성직자가 매일 시간을 맞춰 드리는 예배)에 따른 끝기도였다. 송용민 신부가 기도 인도를 맡았다. "처음엔 복잡하고 어색하겠지만 한번 해보면 '아, 이런 거구나' 하실 거예요. 그럼 성무일도 책 812쪽을 펴주세요." 맨 앞줄에 나란히 앉은 김희중 대주교와 김영주 목사가 책을 펼쳤다. "두 눈은 깊은 잠에 빠져들어도/ 마음은 주님 안에 깨어 있으니/ 주님을 사랑하는 당신 자녀들/ 오른손 펼치시어 보호하소서…." 목사·신부·수녀·사관들이 번갈아 기도문을 읽었다.

교회협 정해선 국제협력국장이 기도했다. "그동안 쏟아냈던 수많은 말을 내려놓고, 하나님 말씀을 듣기 원합니다. 분열과 갈등을 넘어, 만나기 위해 다가서고 다가섬을 통해 만나길 원합니다."

기도가 끝나자 피정의 집 안엔 큰 침묵이 흘렀다. 빗소리, 계곡 물소리, 바윗돌 구르는 소리가 다시 크게 들렸다: 종교 간의 화해와 공동의 구도가 가능함을 보여주어 미래의 종교운동을 위한 이정표가 되어주고 있다.

(조선일보: 2011년 7월 15일, A23쪽, 구례=이태훈 기자)

Text

Bibel

Du *zeigst* mir *den Pfad zum Leben.*
Vor deinem Angesicht herrscht Freude in Fülle,
zu deiner Rechten Wonne für alle Zeit.

당신께서 저에게 생명으로 가는 길을 가리키시니.
당신 앞에서는 기쁨이 넘쳐나고,
당신의 오른쪽에서는 영원히 환희가 넘쳐흐르네. (시편 16,11)

*

zeigst: '손가락으로 어디로 가도록 지시하다/방향을 가리키다'이다.
den Pfad zum Leben: *den Weg zum Leben*과 마찬가지로 '목적지'가 '길'이란 의미의 명사 다음에는 반드시 온다.
zu deiner Rechten Wonne für alle Zeit: *zu deiner Rechten herrscht Wonne für alle Zeit*에서 *herrscht*가 Freude 앞에 있으므로 생략되었다.

»Ich bin der gute Hirte. Ein guter Hirte ist bereit, sein Leben für die Schafe herzugeben. Einer, der gar kein Hirte ist, sondern die Schafe nur gegen Bezahlung hütet, läuft davon, wenn er den Wolf kommen sieht, und *lässt die Schafe im Stich*, und der Wolf fällt über die Schafe her und jagt die Herde auseinander. Einem solchen Mann, dem die Schafe nicht selbst gehören, geht es eben nur um seinen Lohn; die Schafe sind ihm gleichgültig.

그때 예수님께서 말씀하셨다.

"나는 착한 목자다. 착한 목자는 양들을 위하여 자기 목숨을 내놓을 준비가 되어 있다. 목자가 아니고 양들을 단지 삯을 받는 댓가로 돌보는 삯꾼은, 이리가 오는 것을 보면 달아나서 양들을 곤경에 내버려둔다. 그러면 이리는 양들을 덮치고, 양 떼를 흩어 버린다. 양이 자기 소유가 아닌 사람은 삯에만 관심이 있지, 양들에게는 관심이 없기 때문이다.

Ich bin der gute Hirte. Ich kenne meine Schafe, und meine Schafe kennen mich, genauso, wie der Vater mich kennt und ich den Vater kenne. Und ich gebe mein Leben für die Schafe her. Ich habe auch noch Schafe, die nicht aus diesem Stall sind. Auch sie muss ich herführen; sie werden *auf meine Stimme hören*, und alle werden eine Herde unter einem Hirten sein.

나는 착한 목자다. 나는 내 양들을 알고 내 양들은 나를 안다. 이는 아버지께서 나를 아시고 내가 아버지를 아는 것과 똑같다. 나는 양들을 위하여 내 목숨을 내놓는다. 나에게는 이 마굿간에 속하지 않은 양들도 있다. 나는 그들도 데려와야 한다. 그들도 내 말에 복종할 것이고, 마침내 모두 한 목자 아래의 양 떼가 될 것이다.

*

auf meine Stimme hören: '내가 시키는대로 하다'

Der Vater liebt mich, weil ich mein Leben hergebe. Ich gebe es her, um es wieder zu empfangen. Niemand nimmt es mir; ich gebe es freiwillig her. Ich habe die Macht, es herzugeben, und ich habe die Macht, es wieder zu empfangen. Das ist der Auftrag, den ich von meinem Vater bekommen habe.«

아버지께서는 내가 목숨을 내놓기 때문에 나를 사랑하신다. 나는 목숨을 다시 얻기 위해서 목숨을 내놓는다. 아무도 나에게서 목숨을 빼앗지 못한다. 나는 스스로 그것을 내놓는 것이다. 나는 목숨을 내놓을 권한도 있고 그것을 다시 얻을 권한도 있다. 이것이 내가 내 아버지에게서 받은 사명이다." (요한 10,11-18)

*

die Schafe im Stich lassen: '양들을 곤경에 내버려두다'

Geht und verkündet: Das Himmelreich ist nahe.‹Heilt Kranke, weckt Tote auf, macht Aussätzige rein, treibt Dämonen aus. Was ihr umsonst bekommen habt, das gebt umsonst weiter.

그때에 예수님께서 사도들에게 말씀하셨다.
가서 "하늘나라가 가까이 왔다." 라고 선포하여라. 앓는 이들을 고쳐 주고, 죽은 이들을 일으켜 주고, 나병 환자들을 깨끗하게 해 주고, 마귀들을 쫓아내어라. 너희가 대가없이 받은 것을 계속 대가없이 주어라. (마태 10,7-8)

Da musste ich an das Wort denken, das der Herr gesagt hatte: › Johannes hat mit Wasser getauft; ihr aber werdet mit dem Heiligen Geist getauft werden.‹ Gott hat ihnen also, als sie zum Glauben an Jesus Christus, den Herrn, kamen, dieselbe Gabe geschenkt wie uns. Wer bin ich, dass ich es da noch hätte wagen dürfen, mich Gott in den Weg zu stellen?« Als diejenigen, die von Petrus Rechenschaft gefordert hatten, diesen Bericht hörten, verstummte ihre Kritik. Sie priesen Gott und sagten: »Jetzt hat Gott also auch den Nichtjuden die Umkehr zu ihm ermöglicht und hat ihnen damit den Weg zum Leben eröffnet.«

그때 나는 '요한은 물로 세례를 주었지만 너희는 성령으로 세례를 받을 것이다.'하신 주님의 말씀이 생각났습니다. 이렇게 하느님께서는 우리가 주 예수 그리스도를 믿게 되어 주님에게 다가갔던 그 때에 우리에게 주신 것과 똑같은 선물을, 그들이 또한 주 예수 그리스도를 믿게 되어 주님에게 다가갔을 때, 그들에게도 주셨습니다. "내가 무엇이기에 하느님을 막을 수 있었겠습니까?" 설명을 요구했던 그들이 베드로의 이러한 답변을 들었을 때, 비판은 잠잠해졌다. 그들은 하느님을 찬양하면서 말했다: "이제 하느님께서는 비유대인들에게도 하느님에 이르는 회개의 길을 가능하게 하셨고, 더불어 그들에게 생명에 이르는 길을 열어 주셨다."

<In Antiochia entsteht eine Gemeinde aus Juden und Nichtjuden>

Die Christen, die sich in der Verfolgungszeit nach dem Tod des Stephanus über ganz Judäa und Samarien hin zerstreut hatten, zogen zum Teil noch weiter und kamen bis nach Phönizien und Zypern und bis nach Antiochia, aber sie machten die Botschaft Gottes nach wie vor ausschließlich unter Juden bekannt.

<안티오키아에 유대인과 비유대인의 교회가 생겨난다>

스테파노의 죽음 후 박해의 시간에 팔레스티나와 사마리아 전 지역에 걸쳐 흩어진 기독교도들이 부분적으로 더 멀리 페니키아와 키프로스와 안티오키아까지 갔다. 그

러나 그들은 여전히 유대인들에게만 하느님의 복음을 전하였다.

Doch einige von ihnen – Männer von Zypern und aus der Gegend von Zyrene – wandten sich, als sie nach Antiochia kamen, auch an die nichtjüdischen Einwohner der Stadt und verkündeten ihnen das Evangelium von Jesus, dem Herrn. Und Gott wirkte so mächtig durch sie, dass eine große Zahl Nichtjuden ihrer Botschaft glaubte und sich dem Herrn zuwandte.

그들 가운데에는 키프로스 사람들과 키레네 지방에서 온 사람들도 있었는데, 이들 몇 명이 안티오키아로 왔을 때 그 도시의 비 유대인계 주민들에게도 주 예수님의 복음을 전하였다. 주님이 그들을 통해 너무 강력하게 영향력을 행사하여, 많은 비유대인들이 그들의 복음을 믿고 주님께 향했다.

Von dieser Entwicklung erfuhr auch die Gemeinde in Jerusalem, und Barnabas reiste in ihrem Auftrag nach Antiochia. Als er sah, was dort durch Gottes Gnade geschah, war er glücklich. Er machte allen Mut und *forderte sie dazu auf*, dem Herrn *mit ungeteilter Hingabe* treu *zu* bleiben.

예루살렘에 있는 교회도 이런 움직임에 대한 소문을 듣고, 그들의 부탁으로 바르나바가 안티오키아로 떠났다. 그 곳에서 하느님의 은총을 통해 일어난 일을 보았을 때 바르나바는 행복하였다. 바르나바는 모두에게 용기를 불어넣어주고, 그들에게 몸과 마음을 다 바쳐서 주님께 계속 충실할 것을 요구하였다.

*

forderte sie dazu auf, zu ... '그들에게 ....을 할 것을 요구했다'
mit ungeteilter Hingabe: '몸과 마음을 다 바쳐서'

Denn er hatte einen edlen Charakter, war mit dem Heiligen Geist erfüllt und hatte einen festen Glauben. Durch seinen Dienst stieg die Zahl derer, die an den Herrn glaubten, ständig an.

왜냐하면 바르나바는 고상하고, 성령과 믿음이 충만한 사람이기 때문이다. 그의 봉사를 통하여 주님을 믿는 사람들의 수가 지속적으로 늘어났다.

Schließlich reiste er nach Tarsus, um Saulus zu suchen, und als er ihn gefunden hatte, nahm er ihn mit nach Antiochia. Die beiden waren dann ein ganzes Jahr miteinander in der Gemeinde tätig und unterrichteten viele Menschen im Glauben. Hier in Antiochia wurden die Jünger des Herrn zum ersten Mal Christen genannt.

마침내 바르나바는 사울을 찾으려고 타르수스로 갔다. 바르나바가 사울을 만나자 그를 안티오키아로 함께 데려왔다. 그 두 사람은 그 후 만 일 년 동안 그 곳 교회에서 함께 활동했으며 수많은 사람에게 신앙을 가르쳤다. 여기 안티오키아에서 주님의 제자들이 처음으로 '그리스도인'이라고 불렸다. (사도행전 11,16-26):

하느님은 이처럼 세상의 모든 인종을 구원하기를 원하시는 자비로운 분이시다. 미래의 교회는 이와 같이 더 많은 불쌍한 죄인들을 포용하는, 김수환 추기경님의 <옹기같은 사람>과 닮기를 바란다:

<옹기같은 사람>
한국 천주교 역사에서 '옹기'는 특별합니다.

오래된 옹기의 뚜껑을 열어보면
십자가 문양이 그려진 게 있습니다.

무자비한 박해를 피해
산으로 숨어든 천주교 신자들이
옹기나 숯을 내다 팔며,

생계를 유지하고
종교와 양심의 자유를 지켰던 것이지요.

그런데 그 용기는 먹는 것도 담지만,
더러운 것도 담습니다.
곡식도 담고, 오물도 담는
우리 선조들의 삶의 그릇이었습니다.

우리 자신도 여러 가지를 담을 수 있는
그런 그릇이 될 수 있을까요?

오물조차 기꺼이 품어 안는 사람,
세상엔 옹기 같은 사람이 필요합니다.

그런 소망을 담아 제 아호도 '옹기'로 정한 것입니다.

(김수환 추기경(2009): "바보가 바보들에게" 1권, 43-44쪽)

Aphorismen

Unsere Kirche, die in diesen Jahren nur
um ihre Selbsterhaltung gekämpft hat, als
wäre sie ein Selbstzweck, *ist unfähig*, *Träger*

des versöhnenden und erlösenden Wortes für
die Menschen und für die Welt zu sein.
Darum müssen die früheren Worte kraftlos
werden und verstummen, und unser Christsein
wird heute nur *in zweierlei bestehen: im Beten*
und im Tun des Gerechten unter den Menschen. (Dietrich Bonhoeffer)

마치 자기보존이 자신의 목적인 양,
최근 몇 년간 단지 자기보존을 위해서만 투쟁한
우리들의 교회는, 인간과 세계를 위한
화해와 구원의 말을 전할 능력이 없다.
그러므로 이전의 말들은 무력화되어야하며, 침묵해야한다.
그리고 우리들이 기독교인이라는 사실은
단지 기도와 사회정의구현의 두 가지로 증명할 수 있을 것이다.

*

unfähig zu-Inf: '....할 능력이 없다'
in zweierlei bestehen: '....의 내용은 다음 2가지에 있다'

Eine Kirche, *die sich damit begnügt, ihre Glieder wunschgemäß zu betreuen*, und *sie* nicht befähigt, die Sache Gottes in der Welt von heute verantwortlich und verständlich zu vertreten, hat kaum Zukunft. (Helmut Claß)

교회 구성원들을 그들의 원대로 돌봐주는 것에서 만족하고, 구성원들로 하여금 하느님의 일을 현세에서 책임감 있고, 이해할 수 있게 대변하는 능력을 갖추게 하지 못한 교회는 거의 미래가 없다.

*

die sich damit begnügt, ihre Glieder wunschgemäß zu betreuen: *mit etw.*[3] *sich begnügen*은 '무엇에 만족하다'이다. *damit*은 *ihre Glieder wunschgemäß zu betreuen* 을 주문장에서 미리 예고해주는 역할을 하는 '상관사'(Korrelat)이다.

sie = *ihre Glieder* = *die Glieder der Kirche* = *die Mitglieder der Kirche* (교회의 구성원들)

|성경을 위한 약어|

■ 구약성경

오경

창세기: (창세)

탈출기: (탈출)

레위기: (레위)

민수기: (민수)

신명기: (신명)

역사서

여호수아기: (여호)

판관기: (판관)

룻기: (룻)

사무엘기 상권: (1사무)

사무엘기 하권: (2사무)

열왕기 상권: (1열왕)

열왕기 하권: (2열왕)

역대기 상권: (1역대)

역대기 하권: (2역대)

에즈라기: (에즈)

느헤미야기: (느헤)
토빗기: (토빗)
유딧기: (유딧)
에스테르기: (에스)
마카베오기 상권: (1마카)
마카베오기 하권: (2마카)

사서와 지혜서
욥기: (욥)
시편: (시편)
잠언: (잠언)
코헬렛: (코헬)
아가: (아가)
지혜서: (지혜)
집회서: (집회)

예언서
이사야서: (이사)
에레미야서: (예레)
애가: (애가)
바룩서: (바룩)
에제키엘서: (에제)
다니엘서: (다니)
호세아서: (호세)
요엘서: (요엘)
아모스서: (아모)
오바드야서: (오바)

요나서: (요나)
미카서: (미카)
나훔서: (나훔)
하바쿡서: (하바)
스바니야서: (스바)
하까이서: (하까)
즈카르야서: (즈카)
말라키서: (말라)

■ 신약성경

마태오 복음서: (마태)
마르코 복음서: (마르)
루카 복음서: (루카)
요한 복음서: (요한)
사도행전: (사도)
로마 신자들에게 보낸 서간: (로마)
코린토 신자들에게 보낸 첫째 서간: (1코린)
코린토 신자들에게 보낸 둘째 서간: (2코린)
갈라티아 신자들에게 보낸 서간: (갈라)
에페소 신자들에게 보낸 서간: (에페)
필리피 신자들에게 보낸 서간: (필리)
콜로새 신자들에게 보낸 서간: (콜로)
테살로니카 신자들에게 보낸 첫째 서간: (1테살)
테살로니카 신자들에게 보낸 둘째 서간: (2테살)
티모테오에게 보낸 첫째 서간: (1티모)

티모테오에게 보낸 둘째 서간: (2티모)
티토에게 보낸 서간: (티토)
필레몬에게 보낸 서간: (필레)
히브리인들에게 보낸 서간: (히브)
야고보 서간: (야고)
베드로의 첫째 서간: (1베드)
베드로의 둘째 서간: (2베드)
요한의 첫째 서간: (1요한)
요한의 둘째 서간: (2요한)
요한의 셋째 서간: (3요한)
유다 서간: (유다)
요한 묵시록: (묵시)

|약어 및 부호|

Gott beschütze mich!: 'Objektsprache'(문법적 설명의 대상이 되는 언어)

' ': 의미풀이(Paraphrase)

/ : alternativ (동사가 문법에서 '양자 택일의')

A: Akkusativ(4격)

Aadv: Adverbialangabe(부사적 임의첨가어)

AD: Adressat(대상)

BA: Basisadjektiv

BS: Basissubstantiv

BV: Basisverb

D: Dativ(3격 또는 여격)

(*darum*): *darum*은 생략이 가능한 상관사(相關辭)임.

(*es*): *es*는 생략이 가능한 상관사(相關辭)임.

Enom: Nominativergänzung(주격 보충어)

Egen: Genitivergänzung(2격 보충어)

Edat: Dativergänzung(3격 보충어)

Eakk: Akkusativergänzung(4격 보충어)

Eadv: Adverbialergänzung(부사적 보충어)

(Eadv): fakultativ weglassbare Adverbialergänzung (상황에 따라서 생략이 가능한 부사적 보충어)

Emens: Mensuralergänzung(척도 보충어)

Epräp(=*nach*): Präpositionalergänzung mit der Präposition *nach*(전치사 *nach*를 가진 전치사격 보충어)

Eobj-präd: Objektsprädikativergänzung(목적격 보어 보충어)

Esubj-präd: Subjektsprädikativergänzung(주격 보어 보충어)

Einf: Infinitivergänzung (부정사 보충어)

Eprop: Propositionalergänzung (명제 보충어)

*etw.*³: Dativ *etwas* (3격 *etwas*)

*etw.*⁴: Akkusativ *etwas* (4격 *etwas*)

geh.: gehobene Sprache (경어체)

-human: menschliches Wesen ausgenommen (인간을 제외한)

Inf.: Infinitiv (부정형)

IT: Inhaltsträger (명제내용)

jd.: jemand (누군가가)

jm.: jemandem (누군가에게)

(*jm.*): jm.이 생략 가능함.

jmds.: jemandes

jn.: jemanden (누군가를)

*sich*³: Dativ *sich* (3격 *sich*)

*sich*⁴: Akkusativ *sich* (4격 *sich*)

SBP: Satzbauplan (문형)

ugs.: Umgangssprache(통용어)

v: 라틴어 *vel* (동사가에서 두 보충어 중에서 하나만 오거나 또는 둘 다 와야 함을 나타낸다)

zu-Inf.: Infinitiv mit *zu* (*zu*를 가진 부정형)

|참고문헌|

가브리엘 보시(2010): "그와 나" 가브리엘 보시의 영적 일기. 최애리 옮김. 서울: 바오로딸.

김경욱(1990): "독일어 Valenz 문법". 서울: 청록출판사.

김경욱(1997): "대학 독일어 작문". 서울: 백산출판사.

김경욱(2011): "A-Z 독일어 문장연습". 서울: 한국문화사.

김병호(옮긴이)(1998): "고백록". 서울: 집문당.

김수환 추기경(2009): "바보가 바보들에게"(잠언집)(엮은이: 알퐁소(장혜민)). 서울: 산화와 진주.

류시화 엮음(2006): 법정 잠언집. "살아 있는 것은 다 행복하라!". 서울: 조화로운 삶.

미쉘 꽈스트(1984): "그 분과의 만날 약속" (옮긴이: 조규철). 서울: 성 바오로 출판사.

빠다킹 신부: "빠다킹 신부와 새벽을 열며"(http://cafe.daum.net/bbadaking).

성경(2008): 한국천주교 주교회의. 서울.

안젤름 그륀(2007): "내안의 기적을 만나라"(독일의 성자 안젤름 그륀과 함께 행복하게 살기) (옮긴이: 전옥례). 서울: 마음의 숲.

안젤름 그륀(2009): "죽음 후에는 무엇이 오는가?" (옮긴이: 김선태). 서울: 바오로 딸.

요한 바오로 2세(2011): "여러분도 행복하세요" - 요한 바오로 2세 교황과 함께하는 365일 - (옮긴이: 박은희). 서울: 가톨릭출판사.

톨스토이(2006): "아무도 모르는 예수님" (옮긴이: 이동진). 서울: 해누리.

천주교 서울 대교구 사목국(2010년/2011년): “길잡이”.
풀턴 J. 신(2005): “행복에 이르는 길” (옮긴이: 조성식). 서울: 해누리.
피에르 신부(2010): “단순한 기쁨” (옮긴이: 백선희). 서울: 마음산책.
한국 천주교 주교회의(2010): “매일미사”
헨리 데이빗 소로우(2011): “월든” (옮긴이: 강승영). 서울: 은행나무.
Augustinus, Aurelius(1980): “Bekenntnisse”. München: Kösel-Verlag.
Bosmans, Phil(1976): “Vergiss die Freude nicht” (독일어 번역: Ulrich Schütz). Verlag Herder Freiburg im Breisgau.
Die Bibel(1980): “Einheitsübersetzung der Heiligen Schrift”. Stuttgart: Katholische Bibelanstalt GmbH.
Die Bibel(Deutsch): Martin Luther Bibelübersetzung mit Illustrationen von MobileReference.
Die NGÜ als E-Book von Genfer- Bibelgesellschaft.
Drosdowski, Günther(2000): Duden. Das große Wörterbuch der deutschen Sprache. 10 Bände auf CD-Rom. Mannheim. (Duden, 10 Bände)
Gracian, Balthasar(2004): “세상의 지혜” (옮긴이: 이동진). 서울: 해누리.
Hümmeler, Hans(1955): “Helden und Heilige. Eine Legende für jeden Tag des Jahres”. Kempen-Niederrhein: Verlag Haus Michaelsberg, Siegburg.
Keil, Horst(1989): “Worte, in den Tag zu nehmen”. Stuttgart: Quell Verlag.
Quint, Josef(1963): “Meister Eckehart. Deutsche Predigte und Traktate”. München: Carl Hanser Verlag.
Ratzinger, Joseph(2009)(베네딕토 16세): “Glaube-Wahrheit-Toleranz”(신앙-진리-관용) (옮긴이: 정종휴). 서울: 가톨릭대학교출판부.
Schleiermacher, Friedrich Daniel Ernst(1997): “종교론” (최신한 옮김). 서울: 한들.
Schumacher, Helmut(2004): Valenzwörterbuch deutscher Verben. Tübingen. (VALBU)

Sheen, Fulton J.(2005): "행복에 이르는 길" (옮긴이: 조성식). 서울: 해누리.

Ursula, Hermann; Götze Lutz (1996): "Bertelsmann die neue deutsche Rechtschreibung". Gütersloh: der Bertelsmann Lexikon Verlag GmbH.

von Canterbury, Anselm(1962): "Proslogion". Untersuchungen Lateinisch-deutsche Ausgabe von P. Franciscus Salesius Schmitt O. S. B. Abtei Wimpfen. Friedrich Frommann Verlag (Günther Holzboog), Stuttgart-Bad Cannstatt.

Wehr, Gerhard(1988): "Die deutsche Mystik. Mystische Erfahrung und theosophische Weltsicht - eine Einführung in Leben und Werk der großen deutschen Sucher nach Gott". Bern, München, Wien: Otto Wilhelm Barth Verlag.

Wenserit, Claudia(Hrsg.)(2002): "Gottes kleiner Gesundheitsratgeber". Weisheiten und Anregungen für ein gesundes Leben. Asslar: Gerth Medien GmbH.